U0628260

大 局

知名学者共论中国新发展

北京大学习近平新时代中国特色社会主义思想研究院　编

中共中央党校出版社

图书在版编目（CIP）数据

大局：知名学者共论中国新发展 / 北京大学习近平新时代中国特色社会主义思想研究院编 . -- 北京：中共中央党校出版社，2020.9（2021.3 重印）

ISBN 978-7-5035-6902-9

Ⅰ . ①大… Ⅱ . ①北… Ⅲ . ①中国经济 - 经济发展 - 研究 ②社会发展 - 研究 - 中国 Ⅳ . ① F124 ② D668

中国版本图书馆 CIP 数据核字（2020）第 183966 号

大局：知名学者共论中国新发展

责任编辑	蔡锐华
版式设计	张　敏
责任印制	陈梦楠
责任校对	马　晶
出版发行	中共中央党校出版社
地　　址	北京市海淀区长春桥路 6 号
电　　话	（010）68922815（总编室）　　　　（010）68922233（发行部）
传　　真	（010）68922814
经　　销	全国新华书店
印　　刷	北京中科印刷有限公司
开　　本	880 毫米 × 1230 毫米　1/32
字　　数	133 千字
印　　张	10
版　　次	2020 年 10 月第 1 版　2021 年 3 月第 3 次印刷
定　　价	58.00 元

网　　址：www.dxcbs.net	**邮　　箱：**zydxcbs2018@163.com
微 信 ID：中共中央党校出版社	**新浪微博：**@党校出版社

版权所有·侵权必究

如有印装质量问题，请与本社发行部联系调换

目　录

习近平新时代中国特色社会主义思想的研究方法初探

于鸿君

北京大学党委常务副书记，教授、博士生导师。

尹 俊

北京大学习近平新时代中国特色社会主义思想研究院研究员、博士生导师。

党的十八大以来，以习近平同志为主要代表的中国共产党人围绕新时代坚持和发展什么样的中国特色社会主义、怎样坚持和发展中国特色社会主义这一重大课题，在理论和实践相结合的基础上，创立了习近平新时代中国特色社会主义思想，对中国和世界产生了重大而深远的影响。对中国而言，习近平新时代中国特色社会主义思想是对马克思列宁主义、毛泽东思想、邓小平理论、"三个代表"重要思想、科学发展观的继承和发展，是马克思主义中国化的最新成果，是中国特色社会主义道路、理论、制度、文化重大经验的深刻总结，是中国破解新时代发展过程中各类重大难题、推进中国特色社会主义事业的行动指南。对世界而言，习近平新时代中国特色社会主义思想拓展了发展中国家走向现代化的途径，给世界上那些既希望加快发展又希望保持自身独立性的国家和民族提供了全新选择，为公正公平科学解决全人类问题贡献了中国智慧和中国方案，在世界社会主义发展史上、人类社会发展史上都具有重大意义。

正因如此，对内、对外深入研究阐释习近平新时代中国特色社会主义思想是中国理论界的重要使命。当前，理论界已就习近平新时代中国特色社会主义思想的许多方面进行了大量研究，取得了一些高质量的研究成果。然而，与习近平新时代中国特色社会主义思想的历史定位和发展要求相比，现有成果还有许多差距，因此，理论界任重而道远。

古语云："事必有法，然后可成。"研究方法是理论研究的根基和前提，对重大思想的研究阐释必然需要科学研究方法的支撑。正如习近平总书记所说："对一切有益的知识体系和研究方法，我们都要研究借鉴……模型推演、数量分析等有效手段，我们也可以用，而且应该好好用……马克思写的《资本论》、列宁写的《帝国主义论》、毛泽东同志写的系列农村调查报告等著作，都运用了大量统计数字和田野调查材料。"① 由此可见，对理论界而言，系统梳理和探讨习近平新时代中国特色社会主义思想的研究方法是一项重要的基础性工作。本文正是这样一种尝试，我们将通过文献计量分析的方法，梳理当前理论界研究阐释习近平新时代中国特色社会主义思想的主要文献，归纳其研究方法、存在问题，并提出针对性的改进建议。

一、习近平新时代中国特色社会主义思想的研究主题

回答习近平新时代中国特色社会主义思想研究需要什么样的研究方法，首先需要回答习近平新时代中国特色社会主义思想包括哪些研究主题。习近平新时代中国特色社会主义思想是对马克思主义的重要发展与创新，其研究主题也是马克思主义研究主

---

① 习近平：《在哲学社会科学工作座谈会上的讲话》，《人民日报》2016年5月19日。

题的延续。纵观马克思主义思想史，就是一部根据不同历史发展阶段特点，研究各个时代的重大问题和典型样本，形成马克思主义不同研究主题的历史。比如，马克思、恩格斯的学说基于 19 世纪资本主义典型样本——西欧，研究主题是揭示资本主义运行的特殊规律，为全人类指明实现自由和解放的道路；列宁主义、毛泽东思想、以邓小平理论为首创成果和基本内容的中国特色社会主义理论基于 20 世纪社会主义典型样本——苏俄和中国，研究主题是创立适合各自国情又兼具普遍意义的民主革命理论、社会主义革命和社会主义建设理论。[①] 习近平新时代中国特色社会主义思想与此一脉相承，其研究主题是基于中国特色社会主义进入新时代、世界进入百年未有之大变局这一时代特点，以中国为典型样本，回答如何解决中国和世界在未来一段时间内面临的重大问题。因此，习近平新时代中国特色社会主义思想研究主题是马克思主义研究主题的当代发展，

---

① 何毅亭：《习近平新时代中国特色社会主义思想是 21 世纪马克思主义》，《学习时报》2020 年 6 月 15 日。

包括了当前历史发展阶段的各类重大问题、重大规律，贯通改革发展稳定、内政外交国防、治党治国治军、国内国际治理等各个领域。

党的十九大报告将习近平新时代中国特色社会主义思想的研究主题归纳为"八个明确"和"十四个坚持"。"八个明确"，包括明确坚持和发展中国特色社会主义，总任务是实现社会主义现代化和中华民族伟大复兴，在全面建成小康社会的基础上，分两步走在本世纪中叶建成富强民主文明和谐美丽的社会主义现代化强国；明确新时代我国社会主要矛盾是人民日益增长的美好生活需要和不平衡不充分的发展之间的矛盾，必须坚持以人民为中心的发展思想，不断促进人的全面发展、全体人民共同富裕；明确中国特色社会主义事业总体布局是"五位一体"、战略布局是"四个全面"，强调坚定道路自信、理论自信、制度自信、文化自信；明确全面深化改革总目标是完善和发展中国特色社会主义制度、推进国家治理体系和治理能力现代化；明确全面推进依法治国总目标是建设中国特色社会主义法治体系、建设社会主义法治国家；明确党在新时代的强军目标是建设一支听党指挥、能打胜仗、作风优良的人民军队，把人民军队建设成为世界一流军队；明确中国特色大国外交要推动构建新型国际关系，推动构建人类命运共同体；明确中国特色社会主义最本质的特征是中国共产党领导，中国特色社会主义制度的最大优势是中国共产党领导，党是最高政治领导力量，提出新时代党的建设总要求，突出政治建设在党的建设中的重要地位。"十四个坚持"，包括坚持党对一切工作的领导，坚持以人民为中心，坚持全面深化改革，坚持新发展理念，坚持人民当家作主，坚持全面依法治国，坚持社会主义核心价值体系，坚持在发展中保障和改善民生，坚持人与自然和谐共生，坚持总体国家安全观，坚持党对人民军队的绝对领导，坚持"一国两制"和推进祖国统一，坚持推动构建人类命运共同体，坚持全面从严治党。[1]"八个明确"和"十四个坚持"

---

[1]　习近平：《决胜全面建成小康社会 夺取新时代中国特色社会主义伟大胜利——在中国共产党第十九次全国代表大会上的报告》，《人民日报》2017年10月28日。

凝结着以习近平同志为核心的党中央对中国特色社会主义规律性认识的深化、拓展和升华，是习近平新时代中国特色社会主义思想研究主题的总图谱。

从研究主题来看，我们可以初步总结出习近平新时代中国特色社会主义思想的研究方法需要具备的特点。一是要以马克思主义学科的研究方法为基础。习近平新时代中国特色社会主义思想的本质是对马克思主义的继承和发展，因此最基础的研究方法是马克思主义学科（包括马克思主义哲学、马克思主义政治经济学、科学社会主义三大体系）的常见研究方法，如坚持学原著读原文，对马克思主义经典文献和习近平总书记系列重要著作和重要讲话的丰富内涵和核心要素进行规范研究，研究其内在逻辑；再比如，坚持实践的观点、历史的观点、辩证的观点、发展的观点，在实践中认识真理、检验真理、发展真理等。二是要以跨学科交叉的研究方法为支柱。习近平新时代中国特色社会主义思想内容广泛，既对经济、政治、法治、科技、文化、教育等各方面的历史经验作出了归纳概括，也对中国特色社会主义到本世纪中叶作出了两个阶段的战略规划，还提出不断应对和破解各领域一系列国内外重大问题的基本方略，这就必须运用经济学、政治学、法学、社会学、统计学甚至生态学等跨学科交叉的研究方法和分析工具来总结历史经验、发现因果机制、寻找解决方案、评估政策措施、预测发展目标，形成一个开放的具有目标导向、问题导向的学术领域。从习近平新时代中国特色社会主义思想的世界意义来看，跨学科交叉的研究方法还有助于其与各类学科的国际通用研究范式进行对话，让世界更好地理解习近平新时代中国特色社会主义思想。

二、习近平新时代中国特色社会主义思想研究的文献计量分析

为了深入探讨习近平新时代中国特色社会主义思想的研究方法，我们首先通过文献计量分析的方法对现有习近平新时代中国特色社会主义思想主要

研究文献中运用的研究方法进行梳理，分析其经验和存在的问题，进而提出建议。

（一）文献选择与基本分布

我们在中国知网（CNKI）数据库中搜索了以"习近平"和"思想"为主题词（包含标题、关键词、摘要）的所有文献。虽然习近平新时代中国特色社会主义思想是在党的十九大上正式提出的，但从党的十八大开始，理论界就对习近平总书记系列重要讲话精神进行了许多研究，因此我们搜索的时间跨度为 2012 年 11 月（党的十八大召开）至 2020年 6 月。为了保证所分析文献的研究质量，我们按照被引次数大于等于 5 次的标准进行了筛选，最终搜索到 4467 篇文献，基本分布见图 1。

从时间来看，2012 年 11 月至 2016 年的文献为 1918 篇，2017 年至 2020 年 6 月的文献为 2549 篇。从类别来看，绝大部分文献发表在学术期刊上，一部分文献发表在报纸上，还有一部分为硕士和博士的学位论文。从图 2 可以看出，4467 篇文献的重要

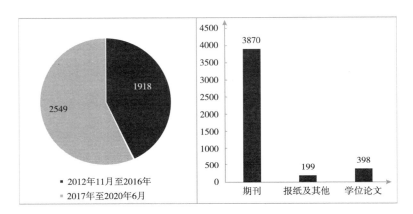

图 1 习近平新时代中国特色社会主义思想研究文献的基本分布
（单位：篇）

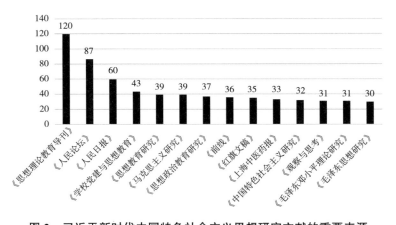

图 2 习近平新时代中国特色社会主义思想研究文献的重要来源
（单位：篇）

来源包括重要党报党刊如《人民论坛》《人民日报》《前线》《红旗文稿》，马克思主义学科的重点学术期刊如《马克思主义研究》《中国特色社会主义研究》《毛泽东邓小平理论研究》《毛泽东思想研究》，以及思想政治教育类期刊如《思想理论教育导刊》《学校党建与思想教育》等。从研究者分布来看，主要包括党的理论部门研究人员、党政机关部门工作人员，以及各个领域的学者、学生（以马克思主义理论、党史、中国政治领域为主）。研究机构大多数为国内的党校和高校。值得一提的是，党的十九大后党中央批准成立的10家习近平新时代中国特色社会主义思想研究机构（即中央党校、教育部、中国社会科学院、国防大学习近平新时代中国特色社会主义思想研究中心，北京市、上海市、广东省习近平新时代中国特色社会主义思想研究中心，以及北京大学、清华大学、中国人民大学习近平新时代中国特色社会主义思想研究院）发表了许多高质量的研究成果。

（二）研究内容

从研究内容来看，表 1 对这些文献主题词及其频次进行了分析。分析文献的主题词可以得出该领域的研究重点及范围，进而绘制知识图谱。我们发现文献主要的关注点集中在习近平新时代中国特色社会主义思想的丰富内涵、框架体系、理论背景、理论溯源和重大意义等层次，覆盖了"八个明确"和"十四个坚持"的全部研究主题，研究重点是党和国家提出的重大理论（如中国特色社会主义与马克思主义、人类命运共同体理论等）、重大战略（如全面建成小康社会、生态文明建设、治理能力现代化等）和重大对策（如精准扶贫、反腐败斗争等）。

表 1　习近平新时代中国特色社会主义思想研究文献的主题词及其频次

主题词	频次	主题词	频次	主题词	频次	主题词	频次
习近平	3126	中国共产党	216	重要论述	133	反腐败斗争	97
习近平总书记	1227	中华民族	197	中国梦	130	以人民为中心	97

续 表

主题词	频次	主题词	频次	主题词	频次	主题词	频次
中国特色社会主义	724	社会主义核心价值观	194	生态文明思想	128	意识形态工作	95
习近平生态文明思想	400	人类命运共同体	182	思想政治教育	113	思想研究	94
马克思主义	375	生态文明建设	172	治理能力现代化	112	党建思想	93
思想体系	358	高校思想政治工作	155	党中央	110	党的建设	86
全面从严治党	349	中国特色的社会主义	149	全面建成小康社会	109	文化自信	85
中华人民共和国	265	十八大	139	国家治理体系	107	党风廉政建设	84
新时代	257	社会主义	137	思想建党	102	社会主义初级阶段	83
治国理政	244	中国民族	134	精准扶贫	99		

我们还应用 CiteSpace 软件绘制了不同年份使用频率较高的主题词，如图 3 所示。这反映了不同年份的研究动向与热点。我们发现不同年份的高频主题词与习近平总书记在不同年份的重要讲话，以及党的十八大、十八届三中全会、十八届四中全会、十八届五中全会、十八届六中全会，党的十九大、十九届二中全会、三中全会、四中全会的主题

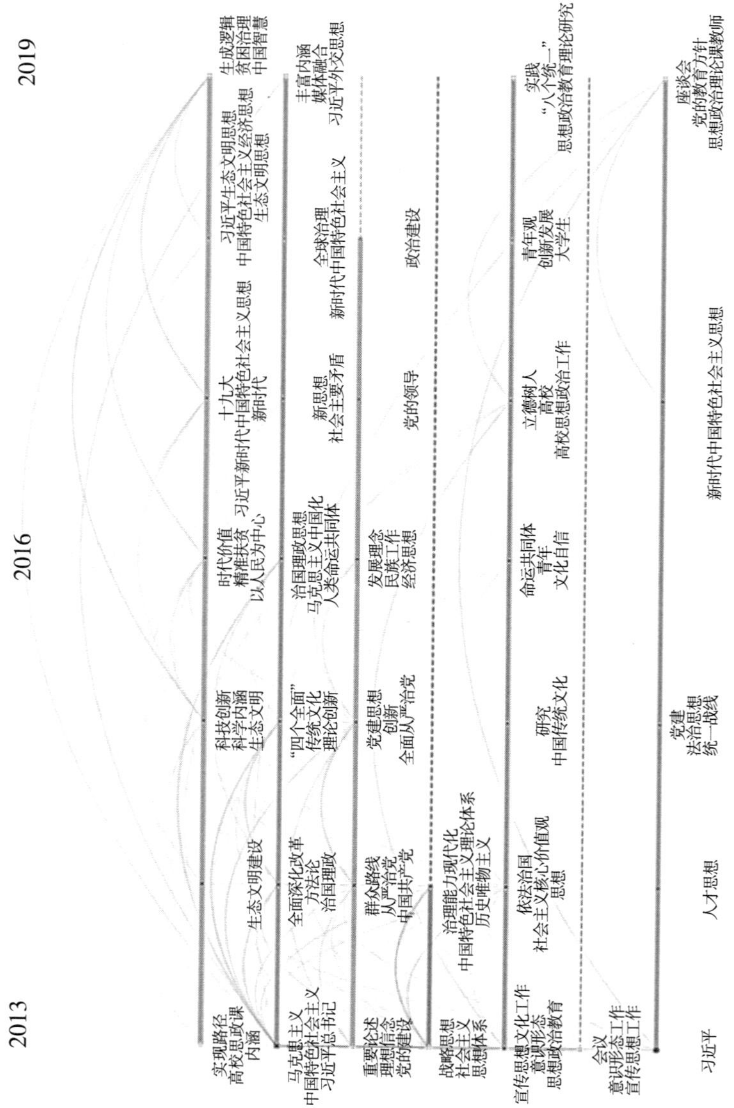

图3 习近平新时代中国特色社会主义思想研究文献的主题词年份分布

变化是一致的。比如，2012 年 11 月党的十八大召开后，2013 年的文献主要聚焦习近平总书记重要论述、意识形态等主题。2013 年 11 月党的十八届三中全会通过《中共中央关于全面深化改革若干重大问题的决定》后，全面深化改革成为 2014 年的研究热点。2014 年 10 月党的十八届四中全会通过《中共中央关于全面推进依法治国若干重大问题的决定》后，"四个全面"成为 2015 年的研究热点。2017 年 10 月党的十九大召开后，习近平新时代中国特色社会主义思想成为历年的研究热点。2018 年 1 月党的十九届二中全会审议通过《中共中央关于修改宪法部分内容的建议》后，政治建设是该年的研究热点。2019 年 10 月党的十九届四中全会审议通过《中共中央关于坚持和完善中国特色社会主义制度、推进国家治理体系和治理能力现代化若干重大问题的决定》至今，研究热点主要围绕推进国家治理体系和治理能力现代化的问题。

从研究文献的学科分布来看，主要涉及了 12 个学科，包括政治、教育、马克思主义、环境、理论经济学、文化、农业经济、国民经济、公共管理、法学、新闻传播、民族。这既表明习近平新时代中国特色社会主义思想内涵丰富，涉及了各个学科，也反映出习近平新时代中国特色社会主义思想对各个学科建设发展的指导意义。但学科分布并不均衡，政治学科的文献最多，占比超过一半，然后依次是教育、马克思主义、环境、理论经济学等。

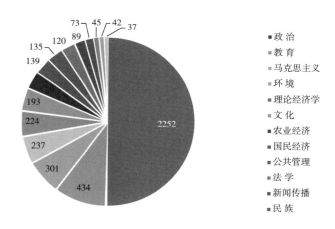

图4　习近平新时代中国特色社会主义思想研究文献的学科分布
（单位：篇）

（三）研究方法

一般而言，科学研究的方法分为规范研究和实证研究两种，经典的理论体系往往需要同时运用这两种研究方法。规范研究一般是在思辨哲学、先验哲学的基础上直接建构一套理论体系（一般是不可证伪的元理论命题），重视价值问题的探讨和获得学术共同体的认同，不关心经验事实的衡量。实证研究一般是在实证主义哲学的基础上，基于客观事实建构一套可证伪的理论体系，重视理论命题的经验事实证据。进一步来看，实证研究还可以分为定量实证研究和定性实证研究两种方法。定量实证研究一般采用演绎导向的假设检验研究方式，即先从理论出发，经过逻辑演绎提出假设，之后通过定量数据（一般通过实验、准实验、问卷调查、二手数据等方式获得）和统计方法来对假设进行检验，作出接受或者拒绝假设的判断，最终形成新的理论。定性实证研究一般采用归纳导向的建立理论研究方式，即先从观察出发，通过对定性数据（一般通过访谈、参与或非参与式观察、档案资料等方式获得）的内容分析或质性分析，进行实证概括，建立构念和命题，形成新的待检验的理论。我们通过对 4467 篇文献的逐篇梳理，发现现有文献的研究方法有以下两个特点。

第一，绝大多数运用的是规范研究方法，严重忽视了实证研究方法的运用。现有文献主要采用规范研究方法，通过大量理论思辨刻画习近平新时代中国特色社会主义思想的元理论命题。有学者将现有规范研究的结论概括为三类元理论命题。首先是基本命题，重点体现的是习近平新时代中国特色社会主义思想的立场、观点和方法，包括当代中国发展新的历史方位，即中国特色社会主义进入新时代；当代中国发展进步的根本方向，即新时代坚持和发展中国特色社会主义要一以贯之；新时代坚持和发展中国特色社会主义的根本立场，包括习近平总书记关于以人民为中心、坚持人民主体地位、全心全意为人民服务的重要论述。其次是复合命题，由基本命题推导而来，重点体现的是习近平新时代中国特色社会主义思想的理论价值和学术价值，包括实现共产主义远大目标，实现中华民族伟大复兴和建设社会主义现代化强国的中期目标，全面建成小康社会的近期目标；"两步走"的战略安排；党全面领导的核心作用；全面深化改革的发展动力；全面依法治国的本质要求。最后是外层命题，这是复合命题进一步推论的结果，处在最外层，重点体现的是习近平新时代中国特色社会主义思想理论与实践经验接壤的部分，理论正是通过这一部分与现实发生联系来指导实践，包括新时代中国特色社会主义经济建设、政治建设、文化建设、社会建设、生态文明建设、国家安全、军队建设、祖国统一、大国外交、把党建设得更加坚强有力、坚持和发展中国特色社会主义的能力建设等。[1] 只有很少的研究采用了实证研究方法，如有学者以习近平在福建、浙江主政时扶贫开发的实践为案例，通过定性实证研究的方式，构建习近平贫困治理思想的理论命题，一些研究生的学位论文也采用了定性实证研究的方法。

第二，学理性研究有待加强，有的研究仅仅是阐释注释。我们在梳理文献的过程中，发现有一些

---

[1] 秦宣：《习近平新时代中国特色社会主义思想的主题、内容和逻辑结构》，《马克思主义研究》2020 年第 4 期。

研究仅仅是阐释注释，也就是从讲话到讲话，从文献到文献，从人物到人物，甚至机械地重组习近平总书记的讲话和著作，或者简单地将马克思主义经典理论家的论断和习近平总书记的论断相关联，缺乏深度思辨和学理分析的研究，而深度和学理性恰恰是规范研究的核心标志。有学者对此建议要善于运用从具体到抽象、从抽象到具体的研究方法，坚持逻辑方法与历史方法相统一、坚持唯物主义和历史主义辩证法，从哲学高度，从理论逻辑、历史逻辑、实践逻辑的深度，去研究阐释习近平新时代中国特色社会主义思想丰富的元理论命题。①

三、习近平新时代中国特色社会主义
思想的研究方法论探讨

　　一个理论体系需要什么样的研究方法论，取决于该理论体系"研究什么""为谁研究"和"怎么研究"

----

① 丁新改、田芝健：《习近平新时代中国特色社会主义思想的方法论研究》，《中共福建省委党校学报》2018 年第 6 期。

这三个基本问题。我们在第一部分梳理了习近平新时代中国特色社会主义思想的研究主题，第二部分回顾了理论界研究阐释习近平新时代中国特色社会主义思想现有文献的研究方法，在前两部分的基础上，我们对习近平新时代中国特色社会主义思想的研究方法论进行深入探讨。

（一）研究阐释习近平新时代中国特色社会主义思想的三个基本问题

1. 研究什么："重大理论"与"基本方略"

习近平新时代中国特色社会主义思想是马克思主义中国化的最新成果，是中国特色社会主义理论体系的重要组成部分，也是当代中国马克思主义、21世纪马克思主义。一项重要的研究内容就是这一思想包括哪些"重大理论"。虽然现有研究取得了不少成果，但还有许多重大理论问题有待深入研究。比如，习近平新时代中国特色社会主义思想的科学体系是什么，"八个明确""十四个坚持"只是"四梁八柱"，还需深入研究其系统的子理论体系，包括习近平新时代中国特色社会主义经济思想、习近平生态文明思想、习近平强军思想、习近平外交思想以及习近平总书记其他"重要论述"的理论框架和逻辑。比如，习近平新时代中国特色社会主义思想的原创性贡献是什么，同马克思主义、毛泽东思想、邓小平理论、"三个代表"重要思想、科学发展观的内在联系是什么，如何对 21 世纪马克思主义进行理论定位，习近平新时代中国特色社会主义思想的世界意义是什么等。比如，党的十九届四中全会描绘了中国特色社会主义制度的总图谱，其制度逻辑是什么。比如，改革开放前后两个时期不能互相否定，其学理支撑是什么。这些重大的理论问题为未来的研究提供了广阔的空间。

习近平新时代中国特色社会主义思想也是新时代中国特色社会主义实践的行动指南，是一门致用之学。因此另一项重要的研究内容是中华民族伟大复兴的战略全局，即新时代的中国究竟往哪儿走、怎么走、往哪儿发展、怎么发展等实践问题的"基本方略"。有了"基本方略"，中国才能在世界百年未有之大变局的不确定性环境中保持战略定力。"基本方略"并非包罗万象，而是关注那些影响全局的重大战略和重大对策。比如，服务于2050年建成社会主义现代化强国，各重要领域如国家治理、经济改革、科技创新、全球治理等必须以习近平新时代中国特色社会主义思想为指导，研究制定战略规划和顶层设计。比如，如何统筹好国内大局和国际大局，如何统筹推进"五位一体"总体布局、协调推进"四个全面"战略布局，如何构建新发展格局等，这些都是特别重要、特别前沿、急需未来研究解决的实践问题。

2. 为谁研究："中国向度"与"世界向度"

研究究竟是为什么人的？立场不同，答案自然也各不相同。只有为了全人类更好认识世界和改造世界的理论研究，才有极强的影响力和生命力。回望一个半多世纪之前诞生的马克思主义，核心目的就是为全人类深刻揭示自然界、人类社会、人类思维发展的普遍规律，为人类社会发展进步指明方向。

正因为其鲜明的研究目的，马克思主义迄今依然有着强大生命力。"在人类思想史上，还没有一种理论像马克思主义那样对人类文明进步产生了如此广泛而巨大的影响。"①

习近平新时代中国特色社会主义思想是对马克思主义的继承与发展，研究这一思想的目的是帮助全人类在新的历史时期更好地认识世界和改造世界，因此既需要立足"中国向度"，也需要开拓"世界向度"。从"中国向度"来看，研究习近平新时代中国特色社会主义思想既要服务于马克思主义中国化的理论体系建设，也要服务于党中央治国理政、共产党长期执政、实现中华民族伟大复兴。从"世界向度"来看，研究习近平新时代中国特色社会主义思想既要为全人类在新的历史时期如何认识世界作出理论指引，也要为人类探索更美好的社会制度提供中国方案，为建构人类新文明提供中国价值，为推动构建人类命运共同体提供中国智慧。

---

① 习近平：《在哲学社会科学工作座谈会上的讲话》，《人民日报》2016年5月19日。

3. 怎么研究："宏大叙事"与"深度分析"

习近平新时代中国特色社会主义思想涉及历史、经济、政治、文化、社会、生态、军事、党建等各领域，囊括传统学科、新兴学科、前沿学科、交叉学科等诸多学科的重大问题，因此研究必须从其系统性出发，基于宏观的整体视角、深邃的历史视野、广阔的世界眼光，通过"宏大叙事"把握全局，建立兼具理论性、体系性、学术性和国际性的话语体系。要注意的是，"宏大叙事"要借鉴国际通用的研究规范和研究方法，形成易于为国际社会所理解和接受的理论和逻辑体系，让世界读懂中国理论，防止有理说不出、说了传不开的问题出现。

"宏大叙事"必须与"深度分析"相结合。只有在对各个领域进行"深度分析"的基础上，"宏大叙事"才有更强大的生命力和影响力。"深度分析"的前提是打破学科的边界，不能只用一套话语体系来研究和阐释。以习近平新时代中国特色社会主义经济思想为例，这一经济思想本质上是马克思主义政治经济学，但不完全等同于原生形态的马克思主义政治经济学，而是基于马克思主义政治经济学、"中国奇迹和中国经验"，融合现代经济学科学理论综合发展而来的经济思想，因此单一学科的研究方法分析的结论可能是片面的，多个视角共同分析才能深入。换言之，习近平新时代中国特色社会主义思想不能只局限于使用马克思主义理论学科等任何一个单一学科的研究范式，只有各个学科共同参与研究习近平新时代中国特色社会主义思想，联合攻关、持之以恒，理论研究才能不断走向纵深。

（二）习近平新时代中国特色社会主义思想研究方法的三种类型

明确了"研究什么""为谁研究"和"怎么研究"这三个基本问题，我们根据研究方法的分类，将习近平新时代中国特色社会主义思想的研究分为三种类型，即"规范研究""定量实证研究"和"定性实证研究"，我们期待构建三种研究方法相互促进的习近平新时代中国特色社会主义思想研究体系。

1. 关于习近平新时代中国特色社会主义思想的规范研究

这类研究是本体论视角的一种探究，是宏观价值导向的意识形态论证与分析，主要目的是回答在新的历史阶段如何科学认识世界和改造世界的问题。比如，探讨习近平新时代中国特色社会主义思想的世界观、方法论等哲学层面的根本性问题，以及习近平新时代中国特色社会主义思想的理论体系、原创性贡献等。从现有习近平新时代中国特色社会主义思想研究文献来看，马克思主义理论学科、哲学、党史学等学科背景的研究者从事了大量的此类研究。除了这些学科外，未来还可以引入其他学科的理论进行拓展性研究，如从政治哲学、经济哲学、管理哲学和文化哲学等角度进行思辨和对话研讨，推进习近平新时代中国特色社会主义思想研究在更开放的视野中进行理论建构，形成更为系统全面的理论体系。

2. 关于习近平新时代中国特色社会主义思想的
定量实证研究

这类研究是对习近平新时代中国特色社会主义思想在实证主义视角层面的探究，主要目的是基于历史过程，通过客观的经验证据、定量的统计方法，回答中国特色社会主义制度、机制、战略等实践的横向和纵向影响是什么。比如，习近平总书记提出"不能用改革开放后的历史时期否定改革开放前的历史时期，也不能用改革开放前的历史时期否定改革开放后的历史时期"[①]的重要论述，需要用严谨的定量实证研究方法来深入研究。再比如，探讨"一带一路"倡议对国际贸易便利化的横向和纵向影响、绿水青山就是金山银山的经济社会效益转化与评估、精准扶贫制度对"两个一百年"奋斗目标的短期和长远影响等问题。从现有习近平新时代中国特色社会主义思想研究文献来看，经济学、管理学等学科背景的研究者开展了一些此类研究。总体来看，这

---

① 习近平：《关于坚持和发展中国特色社会主义的几个问题》，《求是》2019 年第 7 期。

类研究有待加强，未来要进一步将习近平新时代中国特色社会主义思想的研究落在实证中的因果机制层面，实现理论学说与实证学说的融合。此外，还要提升这类研究的国际化视野和全球性眼光，加强与国外理论和方法层面的对话交流，提升习近平新时代中国特色社会主义思想相关研究在世界范围内的话语能力。

3. 关于习近平新时代中国特色社会主义思想的定性实证研究

这类研究是对习近平新时代中国特色社会主义思想在工具理性层面的探究，主要目的是通过丰富的实践案例、历史案例，深度刻画中国特色社会主义道路是什么，归纳在习近平新时代中国特色社会主义思想指导下中国特色社会主义道路在各个领域的经验、做法和启示等内容。[①] 比如，探讨中国脱贫攻坚的做法、经验与成就，习近平关于全面依法治国的思想和实践等研究问题，就需要大量定性实证

---

① 廖冲绪、张曦：《习近平新时代中国特色社会主义思想研究的知识图谱——基于 CSSCI 的文献计量分析》，《邓小平研究》2019 年第 1 期。

研究。从现有习近平新时代中国特色社会主义思想研究文献来看，具有社会学、法学、政治学、历史学等学科背景的研究者开展了一些此类研究。这类研究也有待加强，未来要深入探究习近平新时代中国特色社会主义思想的实践性，探讨新时代中国特色社会主义经济、政治、文化、社会、生态等领域变革和发展过程中的经验、教训，明确其存在的问题，研究其内在的规律，总结习近平新时代中国特色社会主义思想引领下的具体路径。

需要说明的是，以上三种类型的研究划分是相对的，不是绝对的，并且这三类研究是互为基础、相互促进的，如图 5 所示。第三种类型的研究是前两种类型研究的基础，只有对中国的实践进行细致刻画，才能整体而不是片面地研究习近平新时代中国特色社会主义思想；第二种类型的研究是第一种类型研究的依据，只有通过严谨的实证检验，才能客观而不只是形而上学地研究习近平新时代中国特色社会主义思想；第一种类型的研究是统领，只有进行哲学层面的分析，才能深刻而不是浮于表面地研究习近平新时代中国特色社会主义思想。未来的研究还要打开学科边界，推进三种研究方法的融合，避免研究视角相对狭窄、研究范式相对单一、理论分析力度不足的问题，不断丰富和深化理论叙事的方式和内涵。

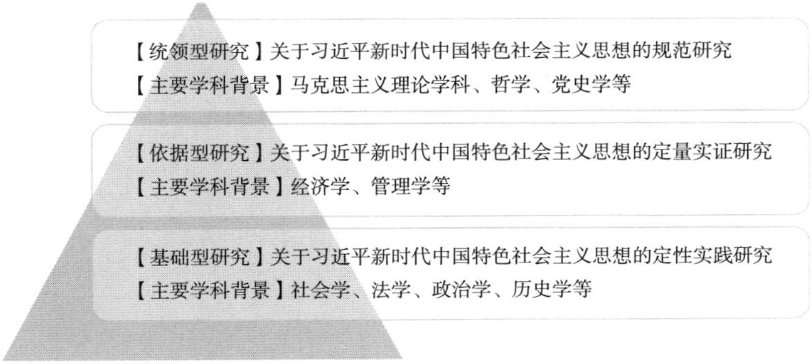

【统领型研究】关于习近平新时代中国特色社会主义思想的规范研究
【主要学科背景】马克思主义理论学科、哲学、党史学等

【依据型研究】关于习近平新时代中国特色社会主义思想的定量实证研究
【主要学科背景】经济学、管理学等

【基础型研究】关于习近平新时代中国特色社会主义思想的定性实践研究
【主要学科背景】社会学、法学、政治学、历史学等

图5　习近平新时代中国特色社会主义思想研究方法的三种类型

4.习近平新时代中国特色社会主义思想研究范式的思考

研究范式是一个理论体系研究方法的元问题（如基本假定是什么、研究边界是什么等），在运用

"规范研究""定量实证研究""定性实证研究"这三种研究方法时，需要时刻注意不能偏离习近平新时代中国特色社会主义思想研究范式的本质属性。正如习近平总书记所说："解决中国的问题，提出解决人类问题的中国方案，要坚持中国人的世界观、方法论。如果不加分析把国外学术思想和学术方法奉为圭臬，一切以此为准绳，那就没有独创性可言了。如果用国外的方法得出与国外同样的结论，那也就没有独创性可言了。"[①] 为此，我们需要探讨习近平新时代中国特色社会主义思想研究范式的本质要求。

（1）回归原点，以马克思主义为指导

马克思主义是习近平新时代中国特色社会主义思想的原点。研究阐释习近平新时代中国特色社会主义思想必须旗帜鲜明地坚持马克思主义的指导，运用马克思主义的唯物辩证法等科学方法，继承和创新发展马克思主义关于人类社会发展规律、坚守人民立场、生产力和生产关系、人民民主、文化建设、社会

---

① 习近平：《在哲学社会科学工作座谈会上的讲话》，《人民日报》2016年5月19日。

建设、人与自然关系、世界历史、马克思主义政党建设等各个领域的科学思想。当然，以马克思主义为指导并非指局限于马克思主义理论的话语体系，而是指我们在研究阐释习近平新时代中国特色社会主义思想时，世界观和方法论的问题、理论为什么人的问题、落实到怎么用上来的问题等必须符合马克思主义基本原理。比如，人的问题是重大思想理论的核心问题，坚持以人民为中心既是研究阐释习近平新时代中国特色社会主义思想的核心要求，也是马克思主义学说时代意义和在场性的体现。

（2）立足基点，以新时代中国特色社会主义的伟大实践为根基

当代中国再次经历着我国历史上最为广泛而深刻的社会变革，也正在进行着人类历史上最为宏大而独特的实践创新，这是习近平新时代中国特色社会主义思想的理论之基、创新之源。尤其是党的十八大以来，以习近平同志为核心的党中央团结带领全国人民砥砺奋进，党和国家事业续写了世所罕见的经济快速发展奇迹和社会长期稳定奇迹，书写

了贡献世界和平与人类进步事业的中国方案和中国故事，中国已然成为一个世界级的伟大样本。[①] 伟大的样本将会创造伟大的思想，中国特色社会主义的伟大实践既为思想理论的产生和创新提供了独特的研究样本，也为思想理论的发展和完善提供了现实的检验标准。因此，研究阐释习近平新时代中国特色社会主义思想必须将新时代中国特色社会主义的伟大实践作为理论底色。

（3）选取支点，以跨学科交叉的研究方法为工具

习近平新时代中国特色社会主义思想涉及各个领域的重大问题，只有跨学科交叉的研究方法才能弥补因学科分割而造成的研究空白，将习近平新时代中国特色社会主义思想全面、系统、深刻地呈现出来。跨学科交叉应包括知识、思想、方法的交叉，通过集聚不同学科理论视角、研究方法之优势，从广度和深度两个方面对理论进行创新探讨。比如，经济学常用的

---

① 何毅亭：《习近平新时代中国特色社会主义思想是 21 世纪马克思主义》，《学习时报》2020 年 6 月 15 日。

定量实证研究方法可以检验因果机制，但是许多复杂的现象和问题是难以量化为可操作化的变量的；社会学、历史学中常用的定性实证研究方法虽然可以逐层分析复杂问题的细节，但难以上升到一般规律，因此同时应用定性和定量实证研究的方法就可以弥补彼此的不足。

（4）找准结合点，兼顾理论研究、实践对策与阐释宣传

习近平新时代中国特色社会主义思想的研究内容既包括"重大理论"，也包括"基本方略"，研究目标既有"中国向度"，也有"世界向度"，因此其既要以科学的研究范式来要求，也要从实践对策的视角来落地，还要以国际话语体系的认同度来评价。理论研究是基础，可以指导实践对策和阐释宣传；实践对策是理论的应用，还可以为理论研究提供依据，为阐释宣传提供丰富的案例；阐释宣传是理论和实践的通俗表达，可以影响更多学者参与理论研究，并在实践对策的实施过程中广泛凝聚共识，因此研究阐释习近平新时代中国特色社会主义

思想必须兼顾理论研究、实践对策、阐释宣传。这就意味着研究习近平新时代中国特色社会主义思想要加强对重大现实问题和突出矛盾的对策性研究，并在此基础上推动建立面向人民大众、面向海外国家的习近平新时代中国特色社会主义思想话语体系，形成理论研究、实践对策与阐释宣传相互映射、相互促进的良性循环。

四、总结与展望

习近平新时代中国特色社会主义思想是 21 世纪的马克思主义，但中国理论界当前的研究成果还处于在探索中研究的序幕阶段。为此，我们对理论界研究阐释习近平新时代中国特色社会主义思想提出一些建议，并对未来的研究进行展望。

（一）研究阐释习近平新时代中国特色社会主义思想是中国理论界的重大使命

习近平新时代中国特色社会主义思想关乎中国

特色社会主义事业的发展方向，其理论建设和理论创新不是一个人或几个人的事情，而是中国理论界每个理论工作者责无旁贷的使命。百年来，中国共产党的每一次重大理论创新，马克思主义中国化的每一个重大成果，都凝聚了全党全国人民的智慧，包含着理论界的勇气和担当。在新时代，如何将中国特色社会主义这一人类历史上最为宏大而独特的实践推向新高度，需要持续的理论建设和创新，需要理论界勇担时代托付，坚守理论自觉。从历史经验来看，理论界要在重大思想的哲学叙事、四梁八柱的体系构建与纵深发展、科学化通俗化阐释重大思想等多个方面贡献力量。理论界曾对此提出三项本领——"党史、马哲、逻辑"，这可谓是"老三件"，是看家本领，新的时代还要"新三件"——"跨学科理论、跨学科研究方法、跨学科研究范式"。此外，研究阐释习近平新时代中国特色社会主义思想要崇尚"士以弘道"的价值追求，"要有'板凳要坐十年冷，文章不写一句空'的执着坚守，耐得住寂寞，经得起诱惑，守得住底线，立志做大学问、做真学问。"①

（二）加强习近平新时代中国特色社会主义思想跨学科研究平台建设

当前研究阐释习近平新时代中国特色社会主义思想的力量较为单一且缺乏合力，在学科方面，主要集中于马克思主义学科、政治学、哲学等，"单兵推进"现象明显；在研究范式方面，以马克思主义话语体系为主，缺乏与其他学科话语体系的对话与交流。跨学科平台有其天然的优势，以海外中国研究的重要机构——哈佛大学费正清中国研究中心为例，该中心研究人员的学科背景包括了政治学、军事学、历史学、经济学、管理学、文学、语言学、新闻学、法学、社会学、人类学、哲学、宗教学、教育学、考古学、公共卫生、生物学、环境研究、科学史、建筑学等，跨学科交叉的研究能力使得该中心长期以来一直是海外研究中国问题的顶级学术机构。未

① 习近平：《在哲学社会科学工作座谈会上的讲话》，《人民日报》2016年5月19日。

来需要加强习近平新时代中国特色社会主义思想跨学科研究平台的建设，如许多高校和研究机构成立了习近平新时代中国特色社会主义思想研究院（中心），按照领域分为多个研究组，聚焦当代中国面临的重大理论和现实问题，鼓励跨学科的研究者多学科、多角度研究阐释习近平新时代中国特色社会主义思想的丰富内涵、精神实质、科学体系、实践对策，在理论体系、话语体系方面形成研究合力，成为有重大影响力的研究平台。

（三）推动习近平新时代中国特色社会主义思想成为世界共享的理论财富

正如马克思主义是马克思、恩格斯留给世界无产阶级的共同财富一样，马克思主义中国化最新成果——习近平新时代中国特色社会主义思想也是全世界共享的理论财富。进入新时代，中国成为 21 世纪马克思主义创新发展的理论高地，推动习近平新时代中国特色社会主义思想在海外的研究和传播，为全球治理和人类幸福提供新的方案，是中国理论界的一项重要任务。当前，海外许多机构开始研究习近平新时代中国特色社会主义思想，如哈佛大学费正清中国研究中心、宾夕法尼亚大学当代中国研究中心、牛津大学当代中国研究中心等中国事务研究机构，美国彼得森国际经济研究所、英国国际战略研究所、日本国际问题研究所、德国国际政治和安全事务研究所、俄罗斯科学院世界经济和国际关系研究所等国际事务研究机构，布鲁金斯学会、兰德公司、斯德哥尔摩国际和平研究所等国际智库。但这些研究机构的范式和方法与国内有所不同，有的结论还失之偏颇，因此中国理论界要加强与这些海外研究机构的交流合作，开展研究范式和方法的对话，在研究的理论依据、模型建构、指标选取、资料来源等具体环节进行商榷式探讨，让世界理解和认同"学术中的中国""理论中的中国""哲学社会科学中的中国"。[1] 此外，中国理论界还要深入研究习近平新时代中国特色社会主义思想对全球治理

---

① 焦佩：《海外习近平新时代中国特色社会主义思想研究：观点比较及其启示》，《探索》2020 年第 1 期。

的启示，如习近平总书记提出的人类命运共同体思想，根植于中华文明的天下大同观、马克思主义的世界历史观、新中国外交实践的价值观，逐步形成全球治理的新方案，充分彰显习近平新时代中国特色社会主义思想对世界的理论贡献。

正如习近平总书记所说，这是一个需要理论而且一定能够产生理论的时代，这是一个需要思想而且一定能够产生思想的时代。[①] 以中国特色社会主义道路的伟大实践为参照，研究阐释习近平新时代中国特色社会主义思想，是理论和思想创新的广阔天地。只要理论界坚持以马克思主义为指导，以新时代中国特色社会主义的伟大实践为根基，以跨学科交叉的研究方法为工具，兼顾理论研究、实践对策与阐释宣传，就一定能构建无愧于时代的重大理论，为中华民族和人类进步创造更大的理论财富。

---

① 习近平：《在哲学社会科学工作座谈会上的讲话》，《人民日报》2016 年 5 月 19 日。

中国经济学创新的立足点

林毅夫

十三届全国政协常委、经济委员会副主任，北京大学新结构经济研究院院长、国家发展研究院名誉院长、教授。

一、中国经济学理论创新的立足点

中国经济学的理论创新要立足中国的实践经验，运用好马克思历史唯物主义的基本原理和现代经济学的研究范式。首先，新的理论来自新的现象，中国改革开放取得的成绩是人类经济史上不曾有过的奇迹，这是理论创新的金矿。其次，马克思历史唯物主义揭示了人类社会发展的规律，提出了"经济基础决定上层建筑，上层建筑反作用于经济基础"的基本原理。发展中国家的经济基础不同于发达国家，因此上层建筑的各种制度安排和政策措施应该也不一样。在经济学研究上，以揭示人类社会发展规律的马克思主义为指导，运用现代经济学通用的范式来研究中国现实的问题是推动中国经济学理论创新、提升中国话语权的关键。

以马克思历史唯物主义为指导，并使用西方现代经济学的范式来研究在中国目前发展和转型阶段所遇到的问题是推动马克思主义在中国创新和发展的重要方法。马克思在其著作中分析了经济基础如何影响上层建筑，以及上层建筑如何反作用于经济基础，但是马克思没有进一步讨论作为经济基础的生产力和生产关系在现代经济中是由何种因素决定的。所以，我提出了要素禀赋结构决定具有比较优势的产业，进而决定生产力水平和生产关系的观点。可以说，这是对马克思历史唯物主义在分析现代经济问题上的一个拓展和创新。

在 20 世纪八九十年代我们进入改革开放第二个阶段的时候，国际主流观点的新自由主义认为，经济要发展得好，就应该由市场来配置资源，才会改善资源配置的效率，才能够消除腐败和收入分配差距的根源。

根据新自由主义后来形成的华盛顿共识认为，

发展中国家改革的主要内容有三点。

第一，要市场化，由市场来配置资源。怎样才能由市场来配置资源呢？价格必须由市场的供给和需求的竞争来形成，然后由价格来引导资源的配置。如果说某种产品供不应求，价格就应该高。哪里供不应求就代表那个地方的资源配置效率会比较高，如果价格高，资源就会往那个产业去配置，供给就会增加，然后价格就能够平衡。反过来讲，如果某种产品的价格下降了，代表供大于求，这种情况之下，资源应该退出那个产业，把退出来的资源配置到价格上涨的产业。当时发展中国家，大部分的价格由政府决定。所以改革的第一个目标是市场化，价格由市场的供给和需求决定，政府不应该干预价格的形成。从市场配置资源的必要制度安排来讲，这点好像很清晰，也很有说服力。

第二，要私有化。因为发展中国家，不管是社会主义还是非社会主义，在结构主义的进口替代时期，在计划经济时期，大部分的产业尤其是关键性的产业都属于国有，不仅在中国这样，在非洲、南亚、拉丁美洲国家也是这样。当时大家的看法是，如果一个企业属于国有，那对价格信号就不敏感。因为国有企业亏损了会有政府的补贴，赚的钱也都交给国家，投入品价格高了，企业没有积极性去节约成本，生产的产品价格高了，也没有积极性去多生产、多赚钱。所以，在这种情况之下，引导资源配置还有个制度前提，除了由市场供给和需求的市场化来决定价格之外，还必须推行私有化，否则市场无法对资源进行有效配置。

第三，要稳定化。因为如果在市场经济中出现高通货膨胀，将会扭曲企业和消费者的行为。价格上涨过快，出现通货膨胀，消费者就去抢购，突然间需求会增加很多。同时，企业看到生产的产品价格不断提高，就会囤积居奇，所以，在有通货膨胀预期时，需求会增加很多，供给会减少很多，导致价格更上涨。价格更上涨，就更强化这样的行为。在这种状况之下，价格也会失掉配置资源的功能。要稳定物价财政就必须平衡，否则财政赤字增加后必然增发货币来弥补财政之不足，导致物价上涨通货膨胀。过去财政为什么不平衡，因为老是要给国有企业补贴，所以后来为了财政平衡，对企业就不应该给予补贴。这就是要私有化的原因。总之，这套理论在逻辑上非常严谨，很有说服力。在 20 世纪八九十年代，当时整个经济学界有一个共识，就是经济转型要想成功，必须通过前面所讲的价格由市场来决定的市场化、产权明晰的私有化，以及政府停止补贴平衡预算的稳定化，这"三化"必须同时推行，而且必须用"休克疗法"一次性解决。

二、渐进式双轨与"休克疗法"

1978 年年底我国开始的改革，并没有按照这个共识来进行，我们推行的是一种"老人老办法，新人新办法"的渐进式双轨做法。对原来的国有企业，我们没有私有化，只抓大放小，把小型国有企业私有化，大型国有企业基本上都还属于国有。不仅国有，还继续给予保护补贴。同时，对于传统上受到抑制的一些劳动密集型加工业，放开准入，而且还积极因势利导，招商引资，建立了工业园、开发区以改善基础设施，设立一站式服务等以降低交易费用。我们当时走的是渐进式双轨。

当时按照主流学界的看法，这是最糟糕的转型方式。当时的看法是计划经济不如市场经济，所以才会从计划经济、政府主导的经济向市场经济转型。他们认为如果真要转型，就必须让市场经济最起码的三个制度安排同时到位。如果像中国既保留政府干预，又放开市场，就是最糟糕的方式，而且会比原来的计划经济更糟糕。因为会出现政府对价格干预所形成的低价，跟市场价格之间有一个价差，经济上叫"租"，就有人去寻租套利，把计划的东西倒出来转手可以获得巨大的利润，造成腐败和收入分配差距的问题。

虽然我们当时推行的就是这种被认为是最糟糕的渐进双轨转型方式，但实践中，中国在这个过程中获得了稳定和快速发展。发展速度可以说是人类经济史上不曾有过的，过去40多年平均每年增长9.4%，持续了40多年，中国从贫穷落后发展到经

济水平中等偏上，2018 年人均 GDP 达到 9780 美
元，现在按照市场汇率计算是世界第二大经济体。
1978 年我们出口的产品 75% 是农产品或农产品加
工品，到现在出口的产品 95% 以上是制造业产品，
这是一个巨大的变化。同期，其他发展中国家和社
会主义国家普遍按照国际主流的新自由主义的"休
克疗法"来进行，经济普遍出现了崩溃、停滞、危
机不断。这些国家的平均增长率比转型之前的 20 世
纪 60 年代、70 年代还低，危机发生的频率比 60 年
代、70 年代更高。所以，有些经济学家就把 20 世
纪 80 年代、90 年代称为发展中国家"迷失的 20
年"。他们不仅没有我国的稳定和快速发展，而且
我国在渐进双轨改革中出现的腐败和收入分配的问
题，在其他转型中国家也普遍存在甚至更严重。

第二次世界大战以后，绝大多数发展中国家都
是按照当时国际上主流的结构主义的发展经济学理
论，作为政策的指导，认为存在市场失灵，就以政
府主导去发展先进的产业。这并不是市场失灵，实
际上是这些产业不符合这些国家的比较优势。我们

知道发达国家在工业革命以后，经过两三百年的发展，资本大量积累，在发达国家资本是相对丰富的，劳动力是相对短缺的。劳动力价格相对高，资本相对便宜，它在生产当中必然要多用资本替代劳动，这样的技术是资本密集型技术。进入能多用资本替代劳动的产业，这样的产业是资本密集型产业。如果不这样做，发达国家想发展劳动密集型产业，成本会太高，没有竞争力，肯定就发展不起来。所以，这些发达国家只有在资本很密集、技术很先进的产业有比较优势，才能形成竞争优势。反过来讲，发展中国家普遍的情形正好相反，不是自然资源相对丰富，就是劳动力相对丰富，资本极端短缺，资本价格高。在资本密集型产业最重要的成本是资本的成本，在发展中国家如果资本的成本按照市场来决定会非常高，生产成本就太高，这种产业在开放市场的竞争当中就活不了，就不能发展起来。所以说，在发展中国家资本密集型产业发展不起来，实际上并不是市场失灵，而是由其禀赋条件决定的。在这种状况之下，认为是市场失灵，然后就用国家强势的资源动员来发展这种资本密集型产业，是"拔苗助长"。政府强力动员资源、配置资源，把这个产业建立起来，产业技术水平看起来很高，但是，在市场经济当中，在国际竞争中，成本一定会太高，没有保护补贴就活不了。而且，一个国家能动员的资源总是有限的，靠政府强力动员可以把这些产业建立起来，但是要不断地给予保护补贴，保护补贴总会有尽头的时候，经济就逐渐停滞了，危机就来了。

许多发展中国家推行"休克疗法"，效果并不好。"休克疗法"忽视了当时各种扭曲的存在是有其内在道理这个事实。用经济学家的话讲，它是内生的。转型前建立的产业资本是密集的，是违反比较优势的。如果把存在的保护补贴一次性取消会有什么后果？大量企业就会破产，破产以后有两个结果是不可接受的。第一点，没有社会稳定、政治稳定，那怎么发展经济？第二点，当中有很多产业是跟国防安全有关的。没有这个产业就没有国防安全。乌克兰当时完全按照"休克疗法"，本来可以生产航空母舰、大飞机、原子弹等。在转型的时候按照

"休克疗法"，政府不能给补贴，这些国防产业经营不下去，导致的结果是无法保障国防安全。

我在 20 世纪 90 年代提出一个概念，叫"政策性负担"。这些国有企业有政策性负担，包括两种类型：一种是社会性政策负担，就是在计划经济时期，投资很多，但都是在资本很密集的产业，能够创造的就业机会非常少。但是政府要承担城里年轻人的就业，因此，一个萝卜应该放一个坑，结果三个萝卜放一个坑，出现了大量的冗员，我称这种负担为社会性政策负担。另外一种是所发展的行业资本非常密集，不符合比较优势，企业没有自生能力，在市场经济中本来应该建立不起来。但是，为了国防安全的需要把它建立起来，这是战略上的需要，所以我把它称为战略性政策负担。有政策性负担，就会有政策性亏损，政策性亏损谁该负责？当然是政府负责。所以要给保护补贴。当然，政策性负担到底有多少，在没有市场竞争的状况之下政府很难看清楚，这是因为存在信息不对称的问题。企业可以用政策性负担作为借口，有亏损时，就说政府的保护补贴不够，政府难以拒绝，就只能给予更多的保护补贴，这就形成了预算的约束。

还有一个值得研究的问题是在国有的时候给的保护补贴多，还是私有的时候给的保护补贴多？按照产权理论，私有化就不用给保护补贴了。可是按照我前面讲的政策性负担的理论推断，私有化以后企业会有更大的积极性要保护补贴，而且会比在国有的时候多。因为私有化以后，保护补贴越多，私企老板把得到的保护补贴作为个人收入，有更大的积极性去向政府寻租。这种现象其实在苏联、东欧、拉丁美洲、非洲国家的转型中已大量出现。结果效率反而更低，腐败现象、收入分配差距的问题更严重。虽然渐进双轨的转型从当时的理论来看是最糟糕的模式，但是理解这种扭曲是内生的，就知道有其存在的合理性。一方面，通过继续给这些老的国有企业保护补贴以维持稳定；另一方面，通过新人新办法，在稳定的前提下，让符合比较优势的产业快速发展起来，这样能够实现稳定和快速发展。而且，随着经济快速发展和资本的积累，原来不符合比较优势的产业变得符合比较优势，保护补贴从"雪中送炭"变成"锦上添花"，保护补贴失去了存在的理由，这种转型方式也给消除转型当中的扭曲创造了条件。所以，渐进双轨是符合实际比较好的转型方式，不管是从理论上还是经验上来看都是这样。

总的来讲，现代经济学在认识发展中、转型中国家的问题上好像很有力量，但是在改造发展中、转型中国家方面却显得苍白无力。最主要的原因是现代经济学的理论来自发达国家，总结自发达国家的经验，自觉不自觉地把发达国家的发展阶段作为前提，产业和制度作为最优的。只要与它不一样，就认为是扭曲的，需要改造的。这一点值得反思。比如说，从发展来讲，我们看到发达国家产业非常先进，生产力水平非常高，看到发展中国家产业通常是传统农业或者资源型产业，生产力水平低。但是，我们没有认识到产业结构的内生性，没有认识到这个产业结构是由于不同发展阶段，其禀赋结构所决定的比较优势不一样形成的。如果没有认识到这种结构的内生性，而是很简单地把发达国家当时的生产方式、生产力当作我们应该直接学习、发展的目标，在转型上没有认识到各种扭曲的内生性，就会导致很多好心干坏事的情形出现。

不仅在发展和转型上是这样，在经济运行上，如果对发展阶段结构差异的内生性没有足够的认识，那么形成的理论也经常会好心干坏事。举个例子，经济中金融至关重要，金融就像血液，金融应该服务于实体经济。但是，现代金融经济学讨论的所谓现代金融，指的大多是股票市场、风险投资、大银行、公司债、金融工程、金融创新，这些金融安排适合发达国家，但未必符合发展中国家实体经济的需要。这是因为发达国家的产业和技术在世界的最前沿，资本投入大，如果要继续发展，新的技术、新的产业必须自己发明，发明的投入和风险都非常大。为这样的实体经济服务的金融安排要能够动员大量的资本和分散风险。股票市场、风险资本、大银行、公司债很适合这样的发展阶段的实体经济的需要。但是，发展中国家70%、80%，甚至90%的生产活动发生在制造业和服务业。所需要的资本普遍不大，所用的技术一般是成熟的技术，生产的产品一般是成熟的产品，风险主要是这些经营者、企业家是否有经营能力、是否可靠，股票市场、风险资本、大银行、公司债是不合适的，是不能满足实体经济的需要的。简单照搬西方那套理论会让我们失去发展和转型中的机遇和挑战。

三、历史唯物主义视域下的新结构经济学

西方主流经济学基本上都是总结自发达国家的经验，把发达国家的阶段作为暗含的前提，忽视了发展中国家和发达国家发展阶段和结构的差异性。发展中国家需要有总结自发展中国家经验的理论，我提倡的新结构经济学就是基于这个认识的一个努力。新结构经济学是以马克思历史唯物主义为指导，运用现代经济学的方法，研究在经济发展过程中结构和结构变迁的决定性因素及其影响。内容包含发展，怎么样从一个生产力水平比较低的结构转变成

一个生产力水平比较高的结构的发展问题；也包含转型，也就是说从一个有很多扭曲的结构转变成一个没有扭曲的结构；同时包含经济运行，不同发展阶段经济有效运行的规律和方式。比如说，经济发展有赖于生产力水平不断提高，技术必须不断创新，产业必须不断升级，对发达国家来讲，其技术、产业在世界最前沿，技术创新、产业升级必须自己实现。所以，对于发达国家而言，创新等于发明。发展中国家有些产业可能已经处于世界最前沿，对于这些产业创新也需要发明，但是更多的产业是在世界前沿之内，对于这些产业技术创新可以靠引进、消化、吸收。产业升级也是一样，可以进入附加值比现在高的成熟产业来实现。所以，创新对于不同发展程度的国家可以有不同的方式。

按现代经济学的命名原则，用现代经济学的方法来研究结构和结构变迁的决定因素及其影响，应该取名为"结构经济学"。因为用现代经济学的方式来研究金融叫金融经济学，研究农业叫农业经济学，研究劳动力市场叫劳动经济学，既然用现代经济学的方法来研究结构和结构变迁，理应叫结构经济学。那为什么叫新结构经济学？因为发展经济学的第一代是结构主义，为了区别于结构主义，所以叫新结构经济学，这在现代经济学上也是一个惯例。例如，新制度经济学是用现代经济学的方法来研究制度和制度变迁，为了区别于 19 世纪末 20 世纪初的制度学派，所以称为新制度经济学。新结构经济学的"新"是为了区分原来的结构主义。

新结构经济学是历史唯物主义基本思想在研究现代经济问题上的体现。历史唯物主义的基本原理是经济基础决定上层建筑，上层建筑反作用于经济基础。经济基础是由生产力和生产力所决定的生产关系共同构成的。生产力到底由什么决定？从新结构经济学的角度来看实际上跟一个经济体的主要产业有关，如果这个经济体的主要产业是土地和劳动力都密集的传统农业，或者是劳动力很密集的轻加工业，这样的产业生产力水平低。这样的产业不仅生产力水平低，而且也决定了资本和劳动的关系。首先，这样的产业资本使用得非常少，雇用的劳动力非常多，劳动者的收入水平非常低，在温饱线上挣扎，资本拥有者比较富有，在资本和劳动的关系中就有比较大的影响力；反之，如果一个经济体的主要产业是资本密集型的，这样的产业生产力水平高，而且资本密集型产业当中资本使用非常多，劳动力相对少，使用的劳动力通常需要高人力资本，其收入水平高，自我保障能力强，资本家对劳动者的控制是较弱的。

但是，是什么因素决定一个国家以劳动力密集的产业或以资本密集的产业为其主要产业？答案是在不同发展程度国家的要素禀赋和结构不一样。落后的国家大多自然资源或劳动力相对多、资本相对短缺，具有比较优势的产业不是资源相对密集的产业就是劳动力相对密集的产业，生产力水平低，劳动和资本的关系就像前面讨论的；反之，到了比较高的发展阶段，资本积累多了，劳动力变得相对短缺，具有比较优势的产业是资本密集型产业，生产力水平高，劳动和资本的关系也如前所述。新结构经济学就是以一个经济体在每个时点给定的要素禀赋结构作为分析的切入点，来研究处于不同发展阶段的国家作为经济基础决定生产力水平的产业和技术的决定因素，以及作为上层建筑影响交易费用的各种制度安排如何决定于作为经济基础的产业和技术。

我把中国目前的产业分成几种类型：第一类是追赶型产业，我们国家有，发达国家也有。但是，我国产品的技术水平比较低，质量比较差。比如，同样一台机器设备，发达国家卖 500 万美元，我们只能卖 100 万美元。我们还在追赶。第二类是领先型产业，发达国家基本已经退出，我们这个产业在国际上已经是领先的。比如，家电产业，华为的手机，基本上在国际上是领先的。第三类是转进型产业，过去我们有比较优势，如劳动密集型加工业，但是随着资本积累，工资水平上升，我国已经失掉比较优势。第四类是换道超车型产业，这个产业有个特性，就是它是新的，产品周期特别短，可能一年、一年半就是一个新产品周期。这种产业以人力资本的投入为主，我们跟发达国家比较起来没有什么劣势，可以直接竞争。第五类是战略型产业。它的特性跟第四类正好相反，产品的研发周期特别长，需要高人力资本，同样要高金融和物质资本。比如，有些核心芯片的研发周期就特别长。这类产业包含两类，一类是战略性新兴产业，技术很先进，研发周期长，但是方向很明确，如果我们现在不研发，将来主要技术都被国外占领了，我们要进入就会有各种障碍，甚至会影响到我们的经济安全；另外一类是和国防安全有关的，如新型导弹、新型飞机、航空母舰，研发周期一般是二三十年或更长，但是不研发就没有国防安全。

这几类产业，特性不一样，市场失灵的地方不一样，需要政府因势利导的地方也不一样。如追赶型产业，怎么克服引进新技术、吸收新技术的障碍，这里通常不需要补贴，但是应该在职工的技能教育、金融方面创造条件。对于第二类，技术已经在世界的前沿，市场的发展前景还很大，那就必须自己研发新技术、新产品，这点跟发达国家一样。研发包含两部分，一个是基础研究，一个是开发新产品、新技术，后者成功了可以申请专利，企业会有积极性，国家不需要帮助太多。但是，开发是建立在基础科研上的突破，基础科研投入大、风险高，企业不愿意做。可是如果不做基础科研，开发就是无源之水。所以政府必须在基础科研上给予帮助，发达国家都是这么做的。政府可以用在基础科研上的资金有限，政府必须战略性地使用可以用来支持基础科研的资金，瞄准对国家的发展有最大贡献的产业。第三类已经失掉比较优势，有一部分企业可以升级到附加值高的建立品牌、产品研发和市场取得管理等微笑曲线的两端，有的就要将生产转移到其他工资水平比较低的地方去。对于前者政府要做的主要是设计人才、市场管理人才的教育培养，后者政府要做的是帮助企业解决投资保护的问题，如抱团出海。第四类换道超车型产业，我们在人力资本上和发达国家比有比较优势，而且我们有大的国内市场。我们可以跟发达国家直接竞争，政府要做的是设立孵化基地、鼓励风险投资等。最后一类战略型产业，没有它就没有经济安全或国防安全，这类产业需要政府补贴保护。但是，跟过去不一样，现在战略型产业在我们整个经济中所占的比重不高，可以用政府财政资金直接补贴，不用靠价格扭曲的方式来实现。所以，讲财政政策助推产业发展不能一概而论，新结构经济学有一个很大的特性，就是在谈各种问题的时候一定要把它的结构特性搞清楚，产业的特性是什么，这种产业有哪些方面企业家自己能做的，政府就要放手让企业家大胆去做，有一些企业家不愿意或不能做的，政府就要给予支持。

经济学家要多研究现实问题，在遇到现实问题时不能简单照搬国外理论来套，而是要直接去了解问题的本质是什么，它的决定因素是什么，解决问题的有利条件是什么，限制条件是什么。这样的研究可以对解决当前的问题做出贡献，也可以对理论的发展做贡献。在研究这些问题的时候，要摆脱现在西方主流理论，我并不是说它不好，西方主流理论是总结发达国家的经验，在解决发达国家的问题时有一定的价值。但是，如果直接照搬发达国家的理论，会有很大的局限性。比如，谈创新，罗默 2018 年得了诺贝尔经济学奖，得奖的原因是提出内生增长理论，他解释发达国家的经济不断发展，需要靠技术不断创新，技术创新在发达国家必须靠自己的发明，发明需要有资本和人力资本的投入，发达国家资本不短缺。因此，限制发达国家的技术创新主要是人力资本，人力资本的积累主要来自教育，因此，他的理论认为决定一个国家发展的是教育水平的高低。这些年来发展中国家的教育投入都增加了许多，但是，增长率普遍没有提高，原因是发展中国家的发展不仅受到人力资本的制约，也受到物质资本的制约，如果物质资本的积累没有跟上，人力资本的积累经由教育单兵突进，结果导致的是有高教育水平的人才在国内找不到工作，出现人才外流，甚至出现因为找不到工作导致社会动荡等。所以，我们首先需要了解自己的发展阶段，自己有什么，根据自己有的能做好什么，创造条件把能做好的做大做强。

现代主流经济学一般是从发达国家有什么来看发展中国家缺什么，以及从发达国家什么东西能做得好来看发展中国家什么东西做不好，政策就建议发展中国家去拥有发达国家拥有的，做发达国家能做好的。虽然出发点很好，但是忽视了我前面讲的内生性问题，结果经常是好心干坏事。新结构经济学正好相反，看发展中国家自己有什么，根据自己有的什么东西能做好，然后在市场经济中靠政府的因势利导，把能做好的做大做强，这样可以一步一个脚印，积小胜为大胜，小步快跑，赶上发达国家。

第二次世界大战以后，发展中国家普遍摆脱了殖民地半殖民地的地位，这些新的发展中国家其实都跟我们有共同的追求，都希望实现国富民强，也普遍有我们原来有的拿来主义的想法，认为发达国家之所以发达一定有道理，当时的认识是把发达国家发达的道理拿来改造我们，就可以和发达国家比肩齐进。但是，理论都有前提条件，这样的认识在自然科学理论方面没有问题，因为自然科学的前提条件在任何地方都是一样的。但是，社会科学的理论必然会以这个理论来源国家的发展阶段和社会、经济制度安排为明的或暗的前提，无法做到放之四海而皆准。我们要总结自己的经验，提出新的理论，才能更好地达到认识世界、改造世界的目的。发展中国家的条件、机遇和挑战比较相似，我们提出的理论，对其他发展中国家也会有比较大的参考借鉴价值。来自中国的理论不仅能够比较好地指导我们的实践，也对其他发展中国家的实践有比较好的参考借鉴价值，这有利于分享中国智慧、中国方案，提升中国的话语权，提高中国的软实力，而且提高这个软实力有助于人类命运共同体所追求的百花齐放春满园目标的实现。

　　中国改革开放以后的发展可以说是人类经济史上的奇迹。所谓奇迹，就是不能用现有的理论来解释的现象。但是，任何成功背后一定有道理，把这个道理讲清楚，就是一个理论创新。这也是习近平总书记所讲的，这是一个需要理论而且一定能够产生理论的时代，这是一个需要思想而且一定能够产生思想的时代。中国这 70 多年的发展，可以说是理论创新的一个金库。如果我们能把这些经验总结成新的理论，不仅有助于我们自己在未来掌握机遇，克服挑战，也可以帮助其他发展中国家能够跟我们一样，实现他们现代化的梦想。

中国实践推动
经济学革命

陈　平

北京大学习近平新时代中国特色社会主义思想研究院经济研究所副所长，教授、博士生导师。

一、挑战经济学主流理论

当前正在发生的中美经贸摩擦会极大地推动经济学思维的变化，力量之大是我们做学术研究的人难以想象的。我个人认为，特朗普挑起中美经贸摩擦，本质上是承认中美经贸竞争的结果是中国赢、美国输。这是第二次世界大战以来第一个美国总统正式承认这个事实。特朗普重新扛起贸易保护主义旗帜的做法也是美国历史上从来没有的。美国在没有站稳脚跟的上升时期一定是要求贸易保护的；等占据制高点了，为了打开别国的门户，就会高唱贸易自由的论调；如今重新扛起贸易保护旗帜了，为什么呢？因为经济衰落了，只有衰落了才需要重新保护。然而国内有的经济学家却认为中国输，说中国现在的问题是向美国学习私有化、市场化、法制化不够，中国经济将面临危机。我认为中美经贸摩擦对于推动国内主流经济学的思维转变是个好机会。推动思维转变是非常困难的，中美经贸摩擦会用实践来推动。正如马克思当年讲的，批判的武器不能代替武器的批判。

2018 年诺贝尔经济学奖获得者、新增长理论的主要建设者之一、斯坦福大学教授保罗·罗默倡导内生增长理论，强调知识是人类资本的主要成分，强调先发优势。如果知识经济是可以累积的，西方国家知识累积得越来越多，后起国家是完全没有可能赶超的，那么西方发达国家可以高枕无忧。我不赞成这种说法。国际熊彼特学会曾经邀请我做第一主讲人来讨论中国和东亚崛起的原因，我提出了代谢增长论。熊彼特学会的元老很快接受了这个理论——知识的新陈代谢，旧的知识衰落被淘汰，新的知识生长并崛起，才有可能出现后起国家，这可以解释为什么今天的中国能够赶上甚至超过世界上的先进国家。

　　中国的实践挑战了经济学主流理论，新古典经济学增长理论的预言违背现实。苏联、东欧教育和科技比中国先进，美国研发领先于中国，为何经济增长远不如中国？发达国家资本和技术都比发展中国家先进，为何市场不愿意做长期投资？推行私有产权的西方和推行公有产权的苏联、东欧，为何经济增长被"制度、产权不完美"且资源贫乏的中国反超？这些都是经济学主流理论解释不通的。我曾发表了一个预言——在产业和技术竞争过程中，什么是决定性的因素？是学习的速度，而不是西方经济学讲的人口、资本、资源。按照罗默的理论，教育的程度、专利的数量决定国家竞争的能力，那么中国竞争不过东欧，东欧的教育水平超过西方国家；也竞争不过美国，美国到现在在专利数量上还是领先的。但是，中国的学习速度加上规模经济和产业集聚，使中国迅速赶上而且实际上在市场上超越了美国。比如，互联网最早是在美国出现的，但中国却把互联网发展到了极致。一般均衡的前提是规模报酬不变或者规模报酬递减，规模报酬递增就不会有一般均衡，就不可能自动维持国际贸易平衡。新古典经济学尤其是微观基本理论自相矛盾，是不成立的。

现在人们经常辩论国企改革的问题，不少人认为国有企业没有效率。仅仅认为国有企业没有效率，这很荒唐。因为国有企业的职能不同，不能完全以追求经济效率为目标。我们拥有国有企业就和拥有军队一样，没有军队就没有国家主权，军队不能以营利为目标。国有企业要做国计民生需要的、短期没有回报甚至长期很难有回报的事情，承担的任务是中期的社会利益，甚至是长期的生态效益，而不仅仅是短期的经济效益。这一点不光国内媒体经济学家思维混乱，有的主管部门也没弄明白，要求国有企业讲经济效率，逼着国有企业放下主业不干，进军房地产、开旅馆、开餐馆获得利润来补贴研发核心产业的成本。国资委不能只管资本负债率和价格水平，应当调控行业利润率来调节产业政策。

国内一些媒体经济学家想当然地认为中国的所有问题都可以用美国私有化、市场化、法制化来解决，这是天方夜谭。我认为他们理解的是理想资本主义乌托邦，而不是现实的资本主义市场。其实，美国的市场扭曲比中国大得多，所以美国企业才跑到中国投资。中国政府给外资企业提供帮助，远远优于在美国国内动辄打官司。要知道，美国也有产业政策，而且美国所谓的法制化是政客和商业的勾结，权钱的合法交易。资本家给政客捐款，政客在他的选区内给予捐款的行业税率上的优待，现在又多了减免关税。

另外，通过对美国产业利润进行比较，我们看到，高科技、高风险不等于高利润、高就业，利润率不等于社会效益。交通、汽车、农业等基础产业处于利润率的低端，电信、化工、钢铁、绿色能源、贵金属、矿业、煤炭和石油天然气的生产与勘探等产业处于亏损状态，烟草、虚拟金融和过度医疗处于利润率的高端。创造大量就业的传统产业，如造船、轮胎等制造业，净利润高于半导体、信息、软件等高科技产业，鞋业、服装、机械等传统制造业的净利润与化工、航天、电子、计算机等尖端产业相当。我们得出的政策启示是：要素价格的比较优势不等于产业的利润率优势；没有理由放弃传统制造业；服务业只能互补，不能替代制造业。

现在有人说1978年以前的发展存在很多问题，经济效益也不好。其实，1978年以前我国经济的发展为改革开放以后的建设奠定了非常重要的基础。

第一，新中国成立之初就发起了"扫盲运动"，"扫盲运动"在农民工人中普及了教育。当时中国的教育是非常匮乏的。当时中国派往苏联的留学生里有好些人实际上只有小学文化程度，但在中国他们都是高级知识分子。所以，必须普及教育。第二，新中国成立后培养了大批理工科的学生，自然科学奠定了科技建国的基础，改变了自然科学落后的局面。我的老师严济慈是做原子弹的，他年龄最大的学生是钱三强，年龄最小的是我，我应该算是钱三强的师弟。当时国内懂原子能理论、接触过实验的只有钱三强夫妇两个人，后来在很短时间里培养了数以百计的做原子能和导弹的工程师，这在其他国家是不可想象的。第三，国有企业发挥了重要作用。

现在说国有企业没有效率是完全错误的，国有企业的问题在于市场规模不够大。中国国有企业在改革开放以后，从亏损变为盈利，说白了不是一个管理问题，也不是一个技术问题，而是市场规模的问题。第四，"逆向军事工程师"出身的企业家发挥了重要作用。中国前30年所谓的国有企业的低效率是西方发达国家封锁造成的，中国人只能靠自己干。我在科学院的时候95%的工作时间用来生产仪器，连一个普通的示波器都要自己造。我们从中国香港弄来一个德国的示波器，把它拆开了再改进。这样的过程训练了中国一代的逆向工程师，他们迅速瓦解了西方发达国家劳动分工的专家技术优势。

总之，如果按照GDP测量，中国前30年勒紧裤腰带发展的基础工业和科学是赔钱的。但是只有打好这个基础，中国打开国门后才能迅速缩短技术差距。没有中国的前30年，中国后40多年发展就没有这么快。

二、突破预言的经济学奇迹

近年来"中等收入陷阱"的说法很流行，我认为所谓的"中等收入陷阱"在世界意义上是不成立的。世界上没有什么"中等收入陷阱"，倒是有"高收入国家困境"。我们看到，债务危机首先发生在什么地方？希腊，然后是意大利、西班牙，这些都是高收入国家，不光是这些国家，还有美国波音公司总部附近和马里兰等高收入地区。美国这样的高收入国家，越是高科技发达，投资风险就越大，造成的失业远远超过创造的就业。因为高科技发展依靠军备竞赛，而军备竞赛不创造就业。高科技用以占领国际分工制高点，但不足以创造就业。所以，在国际竞争中，世界上富裕国家往往"富而骄，骄而堕"，就是俗语所讲的"富不过三代"。中国要保持持久的竞争能力，小康社会才是可持续的，才能实现习近平总书记讲的"绿水青山就是金山银山"，才能构建人类命运共同体。中国现在面对经济下行的挑战，党和国家领导的方向是正确的，但是部分管理经济和金融的中层干部在一定程度上受了西方教科书的错误引导。其实，经济学革命是要革思维方式的命。我们要善于运用中国智慧，运用好辩证法的思想。

马克思的历史唯物主义观点主要是依据西欧的经验，认为人类经历了原始公社、封建社会、资本主义社会等几个阶段。当然，西方资本主义连五个阶段都不承认，认为私有制就是普适模式。但马克思留下一个问题——马克思没有预言社会主义能在非资本主义核心地区的俄国发生，更没有预言会在实行小农经济的中国发生。马克思发现印度和中国的社会发展方式和西方非常不一样，暂时取了一个名字，叫亚细亚生产方式。他认为亚细亚生产方式相对落后，不可能发生社会主义。这是中国的实践可能超越马克思的预言的地方。如果完全按照马克思的预言，陈独秀走的路线就是对的——等到中国发展资本主义以后才能搞社会主义。然而当时在帝国主义列强控制下的中国，有没有可能发展资本主义都是很大的问题，更谈不上社会主义了。历史将推动经济学的革命：从趋同优化走向多样演化，从分析科学（劳动分工）走向综合科学（分工协作），从资本主义（竞争排他）走向社会主义（创新共享）。今天中国的实践可能超越马克思的预言。所以，我认为，中国的实践不但远远超越了西方经济学的预言，也突破了马克思、恩格斯的理论预言。

中国在资本、劳动力和资源等新古典经济学认为的几个生产要素都不占优势的前提下，却创造了经济学的"奇迹"。要素禀赋不占优势的中国超越了要素禀赋优越的国家，背后的经验值得总结。

第一条重要经验就是，革命组织产生的国家信用取代原始资本积累。枪杆子里面出政权，枪杆子里面出信用，在发展中国家发展基础建设，为工业化铺路。毛泽东的一个贡献是提出了"枪杆子里面出政权"。我套用了一下，"枪杆子里面出信用"。电视剧《人间正道》和《国家命运》，讲当年中国共产党接管的时候，国民党把黄金、外汇运到台湾地区去了，金融市场一片混乱，西方人预言中国共产党打不赢经济仗。事实上，我们靠政权力量很快就扭转了局面。我跟西方人讲，中国有独立的货币政策和金融政策，比德国、日本的央行还要独立，比美联储还要为人民服务，就是因为"枪杆子里面出信用"。中国政权稳定，包括党组织和军队稳定，才有稳定的信用和人民币的坚挺，然后才有土地政策。地方政府拍卖土地后，为什么能吸引资金投进来？主要是相信党和政府一定能把"房子"盖起来。中国没有搞殖民主义，没有原始积累，没有像拉美国家一样借巨额的外汇贷款，中国就靠政权信用加上党的执政理念。这就是中国经验。

第二条重要经验是把文化层次不高、组织分散的农民转化为革命军队、革命干部、乡镇企业家，使他们成为革命和发展的主力军。毛泽东说过，政治路线确定之后，干部就是决定的因素。企业也是如此，发展战略确定后，干部就是决定因素。我国的经济下行不是因为社会主义体制有问题，不是路线有问题，而是干部执行政策出了问题。但对这个问题我很乐观。干部要通过实践锻炼成长。

第三条重要经验就是区域差距成为发展规模经

济、区域竞争、地区互助、全国协作和分区试验的发展动力。中国这种跨地区的合作，在世界上是独一无二的。

现在有的人对中国很恐惧。特朗普说，中国模式要把世界秩序搞坏，说我国的经济是非市场经济。我认为市场经济最好的定义就是看市场上竞争的程度。中国绝大部分行业都是充满竞争的，中国汽车市场有上百家企业竞争，美国有几家？日本、韩国有几家？要按照不同所有制企业竞争的程度，中国是世界上最大的、最有活力、竞争最激烈的市场。现在连美国都承认，只有在中国市场上能够生存的企业才是世界上一流的企业。美国给我们定义"非市场经济"定位，这是没有道理的。相反，我也可以说美国是一个非市场经济的国家，还可以列出很多种不正当竞争的表现，包括制裁、各种各样的权钱交易等。美国非市场经济阻碍经济发展程度要比中国严重。

三、从"斯密定理"到"代谢经济学"

现代市场经济深受亚当·斯密经济学理论的影响。亚当·斯密对经济学的贡献在于提出了分工提高劳动生产率，更在于明确提出了分工受市场规模限制。

亚当·斯密时代工业革命才刚刚开始，他还没有看到像铁路这样的东西，也没有意识到蒸汽机的冲击。所以他讲分工提高劳动生产率，举的例子是做针。那么问题来了——分工能够提高劳动生产率，代价是什么？代价是增加了营销风险。本来生产 100 根针，在一个小镇上能卖得出去。若生产 1 万根针，卖不出去怎么办？投入越大，生产越多，企业死得越快。亚当·斯密真正了不起的地方不是提出了现在讲的分工提高劳动生产率，而是提出"斯密定理"，就是分工受市场规模的限制。我认为这是工业化时代市场经济的核心问题。现在美国挑起中美经贸摩擦，竞争的是什么？不是竞争利润，不是竞争贸易顺差还是逆差，竞争的是市场规模。

谁拿到更大的市场规模，谁的平均成本就降低了。同样的生产模具，生产 1 万台和生产 10 万台哪个成本低？当然是生产 10 万台的成本低。虽然中国在技术上不比美国先进，但是规模大，先占了国内的市场，平均成本降下来，再出口到欧美市场，这就是中国的底气。规模本身就是力量。按照供求均衡理论，供给曲线必须在规模报酬递减情况下才会斜向上；如果规模报酬不变，供给曲线是水平的；如果规模报酬递增，供给曲线是向右下方倾斜的，两条曲线就未必有交点了。因此，只要有规模报酬递增，均衡就不存在，就一定会有冲突和战争。这是现在整个新古典经济学致命的弱点，无视规模竞争就会放大营销风险，无视生产过剩的危机就会导致大国间竞争和冲突。其实只要有规模经济，就没有自动的平衡。

中国道路打破西方模式的现代化，在经济发展方式上有着开创性的成就。

马克思主义政治经济学看到历史长期演化的阶段性，但是低估了经济发展的不平衡和新兴国家超越发达资本主义国家的可能性。列宁、毛泽东抓住了非平衡发展的机遇。熊彼特创新经济学看到科技创新是"创造性毁灭"的过程，资本主义走向社会主义的第三条道路是技术创新。邓小平抓住历史机遇，引入双轨制和混合经济，在吸收西方科技管理技术的同时，全面超越西方的发展模式。中国道路打破了西方模式的现代化。那么，我们现在要做什么呢？我希望能够综合马克思、熊彼特经济学的优点，探索中国的经验，重新构造工业化时代经济学的新陈代谢机制，理解文明的多样发展和大国兴衰。我给我的理论取了一个名字，叫"代谢经济学"。

我对亚当·斯密的理论进行了推广，提出了一个自己的理论，就是把斯密原理发展为一般的原理。什么意思呢？就是分工不是受市场规模的一重限制，而是受生态资源、市场规模和环境涨落的三重限制。中国模式的小农经济和"桃花源"生活，要比现在美国的大规模的农场性生产先进性高。西方模式的局限在于摧毁生物多样性。美国大规模生产食品，摧毁生物多样性，造成抗生素几近失灵，人类和动物类疾病交叉感染，禽流感、疯牛病等，将来生物战争的恐怖性会超过核战争。将来中国的生活方式会和新的生物学革命、新的科技革命结合，一定会比西方优越。生态资源的限制决定了人不能贪得无厌，一味追求高消费，一定要做到自律。在复杂的社会生态系统里，大家必须依靠相互合作。我认为人类的本质不是自私的，而是群体的、社会的、合作的。所以，中国社会竞争合作要比美国排他性的竞争私有产权更有生命力。

中国经济的发展颠覆了西方主流经济学理论的预言。简单地说有两条：第一条，新古典经济学的增长理论。我提出的"代谢增长论"可以挑战新古典的外生和内生增长理论。第二条，科斯交易成本理论。科斯交易成本理论没有办法解释现在美国的产业外移，美国过量的官司、过度的法治实际上大量增加交易成本，是让产业外移的重要因素，所以以为市场化就可以降低交易成本，完全是乌托邦的理论。技术革新相当于人类的进化，从猿猴到人类，消耗的能量是增加了还是减少了？当然是增加了。

人越进化，交易成本越增加，所以才需要补充越来越多的能量。科学发展与此类似，科学发展是不会降低交易成本的。科斯交易成本理论认为政府监管增加交易成本，目的就是反对政府监管。投机行为那么多，老百姓要求政府监管是符合工业革命发展趋势的。科学是把双刃剑，科学越发展，造假机会越多，监管的成本一定要增加。

四、推动马克思主义政治经济学的发展

现在中国面临的问题是经济下行压力大，重要原因是西方金融学误导了宏观调控。问题不在于舆论所讲的"国进民退"，而是中国实行防范金融风险的时候采取了错误的"一刀切"的政策。中国过去 30 年里多是输入西方的现代经济学理论，没有及时发展马克思主义政治经济学，所以经济调控就有两种可能：一种就是"摸着石头过河"，错了以后再改，这当然要"交学费"；另一种就是用西方教科书作为指导理论。西方教科书有非常大的问题。过去我们推翻了两个理论，一个是产权理论，认为只要保护私有产权，经济就会自动发展。我想问，保护谁的产权？是保护创新者的产权，还是保护长期投资的产权？是保护短期投机甚至寻租的产权，还是恶意欺骗的产权？在防范金融风险过程中，一批打着民营企业、金融创新的旗子，实际钻政策漏洞的企业，从银行贷款放到股票市场上来提高占股比例，然后把钱兑现，这样的金融风险当然应该防范，中国政府在这方面的工作力度是很大的。但是，我们犯了"一刀切"的错误。经济下行时，金融机构对实体经济应当雪中送炭，还是雪上加霜？政府一旦采取紧急刹车，导致股价下跌，企业就岌岌可危。银行系统为了保自己的利润指标也在跟风，国家采取贷款终身责任制的办法。其实世界市场上最典型的高科技风险投资成功率很低，实行投资终身责任制，许多企业都会撑不下去。防范企业和财政的金融风险，保护私有产权，本质上导致放大了金融系统风险。

另外，有些金融理论出错。现在经济学的架构有微观和宏观两个层次，这是错误的，实际上有微观、中观和宏观三个层次。中观是市场不稳定之源，大部分问题都出在中间层次。如果政府官员是按教科书进行宏观调控，不考虑产业结构的变化，也不区分这些企业的高杠杆究竟是技术攻关造成的，还是环境污染造成的，是绝对不行的。在技术的问题上应该集中兵力打歼灭战，克服环境污染则要下很大的投资，不是一两年就能解决的。如果能区别对待，就不会有现在的问题。政策如果"一刀切"，问题就会更严重。这在美国也是一样，虽然美国没有国有企业，但如果搞防范金融风险，中小企业也就出局了。世界上金融做得好的是德国和日本，是扶持中小企业的。中国当下最大的风险是金融的盲目开放，可能造成大量的中国资产在中国股市低迷的时候被西方投机资本抄底。

总结中国经验，马克思主义政治经济学发展前景广阔，特别是在生产力和生产关系之间的辩证关系上，我有几条发展建议。

第一，马克思强调生产力决定生产关系，毛泽东强调人的主观能动性。我认为在转型时期毛泽东思想要比马克思的理念更具有实践意义。革命可以在生产力落后的国家发生，国家创造信用，取代殖民主义的原始资本积累，推进基础建设，与发达国家竞争。

第二，重新理解生态环境—技术经济—社会体制之间的三层次架构：理解文明发展的多样性和经济发展的非均衡。发展中国家可以超越西方模式（消耗资源—节省劳动力），创造可持续的绿色经济。西方文化人类学家提出"文化唯物主义"学说，把马克思的生产力、生产关系两个层次发展成三个层次。最下面一个层次就是生态环境，包括地理、气候等，生态环境决定了人类的生存方式。生态环境决定社会组织形式。我们现在研究各个国家不同的文化社会组织形式，就要研究其生存方式。

第三，重新理解农民、工人、知识分子、干部、政党在经济发展中的作用。知识分子一定要和工农相结合。重新理解农民、工人、知识分子、干部和政党在经济发展中的作用，才能真正理解中国道路。中国革命和建设中发展出来一套中国的治理方式，包括群众路线、领袖政党、组织的作用，是西方强调"自由""民主"的人不能理解的。

第四，重新理解文化、宗教、社区在经济和社会中的作用。我们推进"一带一路"建设要跟中亚国家、伊斯兰国家打交道，该怎么做？我去伊斯兰国家后很震惊，伊斯兰国家的社会治安要比拉美国家、美国等发达国家的大城市好得多，伊斯兰国家是有宗教信仰的。在我们中国很多事情都是政府统管，否则社会容易出乱子。在社会治理这方面，文化、宗教和社区的作用也需要研究。

第五，我自己最感兴趣的事情是把亚当·斯密的国家财富理论改变成国家的协调理论，把批判资本主义为主的政治经济学发展为建设社会主义为主的政治经济学，总结社会主义经济发展史。邓小平抓住历史机遇，引入双轨制和混合经济，在吸收西方科技管理技术的同时，全面超越西方的发展模式。中国是自主式的开放，不像苏联、东欧完全受西方经济学家指导或像拉美受跨国公司主导，所以双轨制才能兼顾稳定和创新。创新实际上是不稳定的、具有颠覆性的，在这个过程中会出现老产业破产、工人失业和社会不稳定的现象。这个问题中国解决得非常好，社会稳定程度很高。

工业体系与中国经济增长的前景

路　风

北京大学政府管理学院教授、博士生导师。

一、中国经济高增长的关键变量

中国经济增长的速度从 2014 年开始已经放缓好几年了。大家一直有一个疑问，就是中国经济发展已经以低于改革开放后平均增长速度的状态持续了好几年，还能够进入新一轮较高速度的增长吗？

我认为，回答这个问题的关键是理解 2000 — 2014 年中国经济高增长的原因。中国经济从 2000 年到 2014 年有一个长达 15 年的高增长阶段，这是非常惊人的，也是非常让人意外的。按照主流经济学理论报酬递减规律，当投资多达一定程度时生产率一定会递减。中国经济长达 15 年的高增长，按照主流经济学理论来说根本不可能发生，可它还是出现了，所以被称为"奇迹"。

对此的解释有若干，其中有两个最为主要。

第一，比较优势。有学者认为，中国的改革开放为什么能带来经济高速增长呢？因为发展战略的改变，从以前强调重工业化的方针转变为遵循比较优势。

第二，市场化改革。市场制度的建立解放了被落后制度所束缚压制的生产力。这个解释被更多人所接受。对此还有四点说明：

1. 长期被压抑的企业家精神和创业经济学喷薄而出，到20世纪末涌现出来的3000多万家民间企业乃是中国出人意料的发展的最基础的推动力量。

2. 市场化使大量原来无法流动的劳动力、土地等生产要素，能够从效率较低的经济活动流向效率较高的经济活动，导致了全要素生产率的提高。

3. 对外开放使中国利用较好的机会扩大出口，以国际需求弥补国内需求的不足。

4. 引进技术迅速缩小了与发达国家的差距。

市场化是一个遍及全球的大趋势。随着苏联经济的崩溃，市场化在意识形态的影响下，实际上成了一种"普世价值"。融入全球化，加入国际分工，大多数发展中国家都是这么做的。在社会科学研究中，这是个常量。那么，为什么只有中国经历了这样持续的经济高增长？由此可见，我们需要解释的是变量，去说明中国为什么跟其他发展中国家都不一样。用常量来解释变量，这在社会逻辑中是行不通的。简单地说，现在流行的解释没有指出中国经济的独特性。我们需要重新解释中国在改革开放后经济高增长的原因。

今天很多人认为，中国经济高增长的原因是加入了WTO。因为2001年加入WTO之后，中国经济增长速度加快。但这只是表面现象。就像有经济学家解释中国经济高增长是因为中国加入了国际分工一样。但我们加入国际分工只是一个意愿，问题的关键在于能力。加入了国际分工，如果没能力从国际分工中获利，换句话说，在国际分工中没有竞争力，就不可能从国际分工中得到好处。

哈佛大学肯尼迪政府学院的经济学家罗德里克在一篇文章中提到，中国这个国家太怪了。怪在哪儿呢？文章中提到一个例子："1992 年中国出口产品所反映的收入水平要比中国当时的人均 GDP 高 6 倍以上。"说明了什么呢？就是按照比较优势的说法，通常一个国家的人均 GDP 代表一国的经济发展水平，而出口的产品则反映了该国技术和知识的密集度。全球都普遍遵循这样一个规律。按照这样的规律，通常发达国家出口产品的技术和知识密集度较高、价值较高，发展中国家则较低。

而中国是什么情况呢？中国出口产品的技术和知识密集度相当于人均收入 6 倍于中国这个国家的水平。如果我们用经济学语言、生产要素的特点来概括，就是中国的劳动成本较低，但是技能水平较高。前者很容易解释，中国人口多、农业人口比例大，这都有可能是劳动成本低的原因。但后者怎么理解呢？中国当时是一个比较贫穷的国家，相对较高的技能水平是从哪儿来的呢？

技能水平是后天的，是跟工业化经验有关的，如果没有工业化经验，技能水平是高不起来的。所以，我们要把今天流行性的解释忘掉，重新解释中国经济高增长的原因。

1980 年世界银行第一次对中国进行考察时写过一篇考察报告。其中有这样一段话：中国目前已建成了近乎完整的现代工业体系，重点是制造资本设备。中国比大多数发展中国家生产的工业品种类多得多，对进口设备依赖程度低得多。几乎每一个重要工业部门都在全国的若干地区设置了重点工厂，并特别努力使制造业分布到落后地区和农村。这也是我理解的中国经济高增长的原因。

我曾在课堂上跟学生谈到这个观点，他们完全没有这个概念。他们的成长、教育背景是新中国成立了，中国人民站起来了，然后经过长达 30 年的政治运动，终于在 20 世纪 70 年代末开始进行经济建设。

当中国开始进行经济建设时，一穷二白，经过 40 多年拼搏发展成了今天经济规模上的世界第二。所以，我认为今天在解释中国经济高增长原因时，有必要回顾一下历史上的一些事实。

在我看来，中国经济高增长的根本原因，特别是 15 年高增长的基本原因，关键变量就是"工业体系"。什么叫"工业体系"？我认为，工业体系是由互相具有需求和供应关系的多个工业部门组成的工业经济体。依照这样的定义，它必须具有至少两个特征。

第一，具有足够多的工业部门，以使部门之间的联系产生足够大的市场。当然，这里有个问题，就是"足够多"是多少？在历史上，"足够多"一直是由西方工业化国家的工业结构来决定的。现在发生了一个很大的变化，中国的工业部门变成世界最多的了。部分原因是发达国家的收入水平提高以后，劳动密集型工业不能生存了。现在，中国成了"足够多"这个概念的标杆。

第二，具有能够为消费品部门提供大部分生产设备的资本品部门。"足够多"的概念必然包含着这个意思。"工业体系"这个概念有什么意义呢？比较优势强调的是先生产，先发展劳动密集型产业，其中大部分是消费品，然后等有钱了再发展资本密集型产业。工业体系强调的是二者必须一起进行。工业体系的根本作用是使一个国家的经济增长具有自我持续机制，或者叫生产率提高的自我强化机制，经济学理论称其为"报酬递增"。"报酬递增"这个概念从亚当·斯密开始就提到了，而实际上当时英国工业革命还没有发生。在工业革命的前夜，亚当·斯密就告诉他的读者，工业比农业重要。为什么？因为只有工业才能提供那么多的分工机会，生产率是从分工来的，分工的进步会带来生产率的提高。美国经济学家阿林·杨格在其 1928 年写的《报酬递增与经济进步》一文中讨论了这个机制，并着重阐述了"报酬递增"这个概念。什么叫"报酬递增"？用最通俗的话讲，就是当工业部门体系是一个整体时，一个部门的技术突破会导致其他部门的技术突破，一个部门的生产率提高会导致其他部门的生产率提高，最后变成了互相反馈，使它产生一种报酬递增的关系，而不是像主流经济学所说的当投资多了的时候生产率下降。

所以，接下来的内容就是用一些比较形象化的方式验证这个说法。在验证之前，要先提出一个假说，即中国经济高增长的原因在于中国工业体系的演进。

从历史上看，中国是从 20 世纪 50 年代开始工业化的，在人均收入极低的经济条件下建立起一系列类似于发达国家工业结构的工业部门，但计划经济的缺陷使报酬递增机制作用没有发挥出来。也就是说，这样一个工业体系的建立必须有计划，但是计划体制的逐渐僵化又会阻碍生产单位对市场的响应。工业体系是很重要的，在一个人均收入非常低的农业国建立工业体系是不可能不付出代价的。

中国为建立这个工业体系做出了巨大牺牲。今天我们提到中国是世界第二大经济体，是最大的工业国，这个基础早在改革开放之前就奠定了。

到 20 世纪 90 年代末，中国经济开始飞跃，这个最大的成就源于我们在基本上没有破坏中国工业体系的条件下完成了工业体系的市场化。我认为，这是我们改革开放前 20 年取得的最大成就。中国改革开放并不是一条笔直的路，这中间犯了一些错误，也做出了很大牺牲。但是大方向是对的，我们摸索出了一条工业发展的路子，这是事实。

进入 21 世纪后，有了工业体系，有了市场化，在经济主体可以对市场需求的变化做出响应的条件下，中国工业体系受到一系列有利因素的触发，迸发出巨大的能量。有利因素有很多，如受到邓小平南方谈话的影响，中国政府开始调整原有的紧缩政策；经历了亚洲金融危机，中国政府调整财政政策和货币政策；2001 年加入 WTO，大幅度调整进口税收政策；等等。总之，随着这些有利因素的触发，中国经济的能量突然就爆发出来了。

有多突然呢？我们先回到那场经济增长的前夜，回想 20 世纪 90 年代末中国经济是什么样子。当时，中国经济已经持续低迷好几年了。当时社会的流行观念认为我们前 30 年都白干了。整个社会普遍认为，中国的经济发展是从改革开放才开始的，先进技术都在国外，中国只有依靠引进才能有技术进步。而且在全球化条件下，我们也不需要自己费力去研发，外资可以直接带来技术。直到今天还有好多经济学家依然这么想。国有企业在当时也经历了一个非常困难的阶段，所以在那时形成了一个流行性观念，就是国有企业天生低效率，只有私有化才能改善低效率，只有以民营企业甚至外资企业代替国有企业，中国经济的效率才能提高。但是，当经济政策转向扩张之后，一系列的"意外"就推动了一场史诗般的增长。

二、中国经济发展的十个"没想到"

（一）没想到会出现一场史诗般的增长

图 6 是 1970 — 2015 年世界主要国家的经济规模增长轨迹。我们可以看到，2000 年之后，中国经济的拐点出现了，中国迅速超过法国、英国、德国、日本，成了今天的世界第二大经济体，相当于美国经济规模的 2/3。

如果从工业增加值，也就是工业规模来看，这条曲线就更陡峭了，如图 7 所示。2000 年以后，中国工业增加值迅速提升。今天中国的工业增加值超过美国、欧盟、日本，是第一大工业国。

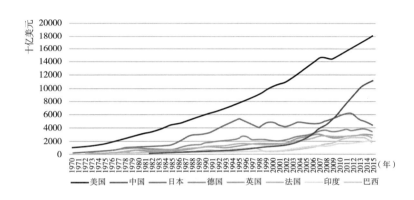

图 6 1970—2015 年世界主要国家 GDP 增长变化（单位：现价美元）

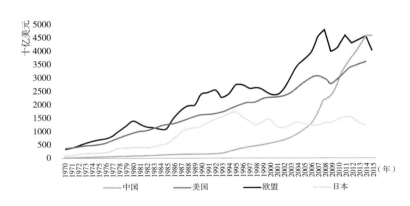

图 7 1970—2015 年世界主要经济体工业增加值变化
（单位：2010 年美元）

（二）没想到中国工业体系蕴藏着这么大的能量

细数 1871 — 2015 年世界主要国家粗钢产量可以得知，美国曾经是粗钢产量最大的生产国，后来因为制造业衰落，产量逐渐下降。日本也经历了一个类似的过程，从 1973 年一直到现在，日本的钢铁工业、粗钢产量基本上保持了人均吨钢的水平。而中国的粗钢产量从 2000 年的 1.2 亿吨增加到 2014 年的 8.2 亿吨，用短短的 15 年实现了 7 亿吨的增长。

原因是什么？是因为比较优势吗？钢铁产业是资本密集型产业，显然中国在这方面并不具备优势。那是因为市场化吗？实际上，这一时期粗钢产量增加的主要贡献者是已经存在的企业，与市场化无关，而且市场化也解释不了这么快的速度。是因为加入 WTO 吗？事实上中国在 2004 年还是个粗钢净进口国。这一时期粗钢产量的快速增长是自身内生需求带出来的。

钢铁产业的增长水平预示着人类历史上一个空前规模工业经济体的出现，基本上这就是中国工业经济体一个最低的门槛。这个规模就是我们需要的，它不影响之后中国新兴部门、技术部门的发展，就像钢铁工业没有影响日本往后的发展一样。要理解钢铁工业为什么发展，不仅要谈它的需求，还得讲它的供给。

从图 8 中我们可以看出中国各个工业部门的增长趋势。除了钢铁工业以外，还有机床、化肥、水泥等，当工业部门越多时，对钢铁的需求越大，再加上还有中间需求。如修高速公路，就需要筑路机械，筑路机械需求立刻波及机床设备生产，过程中出现了大量中间需求。这就是"1+1>1"的问题。当工业部门齐全时，最后的结果就是产生非常大的需求。这是从需求方面讲。

从供给端来讲。像中国这个规模的基础工业扩张，设备基本上是中国自己供应的，只有少部分高端设备来自进口。所以很多人说中国是靠进口设备把产量撑起来的，逻辑上就不成立。中国疾风暴雨式的产能扩张其实是中国设备撑起来的。

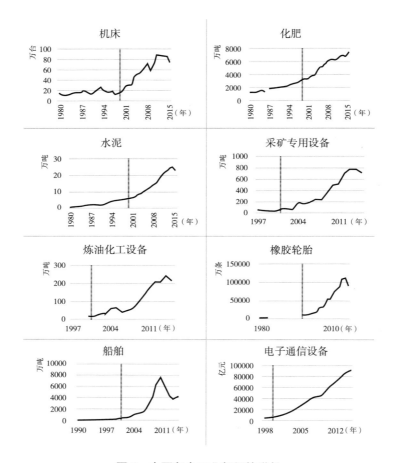

图8　中国各个工业部门的增长

数据来源：国家统计局

图9反映了1992—2015年中国金属冶炼、铸造和轧制主要设备的进出口贸易情况。我们可以清

晰地看到，从 2008 年开始，中国的金属冶炼、铸造和轧制主要设备就是出口金额大于进口金额。

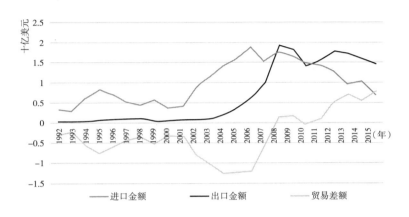

图 9　1992—2015 年中国金属冶炼、铸造和轧制主要设备进出口贸易

数据来源：根据 UN Comtrade 数据库整理制作而成

中国从 20 世纪 50 年代就开始建厂发展冶金设备，这种工业不是建了立即就能用的，需要长期积累。计划经济年代中国还建立了隶属于各个工业部门的研发体系，如冶金部有很多设计单位。这个体系在改革开放后被逐渐市场化了，但积累起来的工程设计能力和技术研发能力被保留了下来。

中国今天这种发展能力其实是植根于历史的。

比如，中国第一重型机械集团公司（以下简称一重），前身为第一重型机器厂，始建于 1954 年。

当时一穷二白，属于白手起家，而今天它已成为中国最大的、水平最高的重型机械厂之一。它可以生产百万千万级核反应堆的压力容器，还可以生产石油化工用的压力容器以及轧钢机。在这里我想强调的是，中国的资本品工业全部始建于 20 世纪 50 年代，这和流行性解释不一样，但这是事实。

这里穿插一个关于一重冷轧机的故事。冷轧的板盖用途很广，但直到 20 世纪 90 年代后期，冷轧板我国还主要依靠进口，一个重要的原因是冷轧机设备很难生产。一重在计划经济年代做了很多尝试，国家也支持这个大项目。后来，我们走了一段用别人的设计、自己制造、合作生产的道路，直到 2000 年时才突破。一重冷轧机被誉为"三代人花 60 年时间研究了 6 根辊子"，2007 年获得了国家科学技术进步奖一等奖。2000 — 2017 年一重提供了 24 套冷轧机组，同期进口不过十来套。现在世界上有三大做冷轧机的企业，第一是德国的西马克德马格，第二是三菱日立，第三就是中国一重。

为了弄明白一重冷轧设备的生产过程，我曾到河北省廊坊市霸州市胜芳镇参观，这里有一个规模很大的钢铁产业集群，有 800 多家涉钢企业。当地有两家民营企业买了一重的冷轧机组。当年当地钢铁产业集群刚刚出现的时候，使用了一些落后的小轧机，只能轧一些生活用品，不能用于工业。所以，一些有实力的民营企业就开始转型。

当天我们看到了一条生产线。可惜那天检修，整个拉闸机组被封在一个机房里，所以没有看到冷轧机。这家民营企业的这条冷轧线是一重提供的，年产 120 万吨冷轧板。30 年前上这么一条线需要经过中央政治局常委会讨论批准并"惊动"国家预算。20 年前上冷轧线要国家计委批准，还得花重金从国外引进技术。10 年前，一重已经突破了，不用再进口了，但也得花至少 30 亿元和至少 3 年的时间。而今天，一个河北村子里的企业花几个亿从中国一重买了一套冷连轧机组，挖来几个技术骨干人员，培训出百十来号技术工人，然后就能生产出自新中国

成立到 20 世纪 90 年代后半期还几乎全部依靠进口
的冷轧薄板。1997 年宝钢建成的冷轧线高达 90 亿
元。一重的冷连轧技术突破之后，2009 年宝钢集团
的一家下属煤钢企业也上了一条冷轧线，使用国产
设备，只需 30 多亿元。

所以，20 年里中国大型冷连轧生产能力投资成
本下降的过程，是符合报酬递增规律的。当设备工
业和大批量工业互相沟通时，大批量工业促使设备
工业规模扩大，然后设备工业的突破使大批量工业
投资成本降低，最后形成一个符合报酬递增规律的
循环。在这个解释中，中国工业扩张所需的设备主
要是由中国企业供应的。

（三）没想到中国工业扩张所需的设备主要由中
国企业供应

图 10 是 2014 年世界水泥产量排名前 10 位的国
家及其产量情况。如图所示，印度排名第二，年产量
2.8 亿吨，美国年产量 8000 多万吨，而中国年产量
25 亿吨。后面的其他国家加起来也没中国这么多。现

在世界上规模最大的水泥生产线全在中国，而且通过"一带一路"建设，我们正在大量地输出水泥生产线。中国建筑材料集团有限公司这些年在"一带一路"沿线，从中东到东南亚，建了100多条生产线。

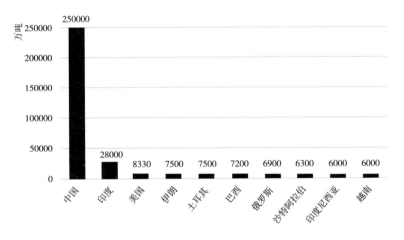

图10　2014年世界水泥产量排名前10位的国家及其产量

图11是1985—2017年世界主要国家发电量的情况。可见，大约在2011年以后，中国的发电量已经大幅度超过美国了。这背后是中国电器设备工业的发展，如煤电设备，也就是火力发电设备。中国有哈电集团、上海电气、东方电气三个大集团，这

三个大集团的实力非常强大。

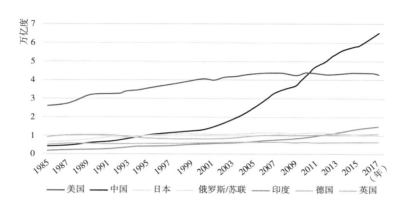

图 11　1985—2017 年世界主要国家发电量

　　除了火电设备以外，中国的水电、风电、光伏、核电的设备工业都在世界名列前茅。而且，在输变电领域，中国的特高压输变电无论是技术还是企业实力都是世界领先的，这一点毫无疑问。

　　河北宏润重工集团（以下简称宏润）是 20 世纪 90 年代成立的一家民营企业，工厂设在河北沧州的某个县。在国际金融危机爆发时，他们还在做着世界最大的挤压机。世界传统的挤压机是做钢管的，通常都是卧式的。这家企业做了一个全世界独一无二的立式的挤压机。

宏润做这个的意义是什么呢？火力发电中有一个超超临界的概念。所谓的超超临界，实际上有一个温度标准，总的关系就是锅炉蒸汽温度越高，煤耗的效率就越高，单位煤耗就越少。但是，超超临界机组对钢管的要求非常高，长期以来中国生产的钢管都达不到超超临界的要求。这就意味着，符合超超临界要求的耐高温、耐腐蚀钢管，中国需要长期进口。宏润的挤压机在 2015 年就把我们需要的钢管给造出来了。

所以，《中国电力报》说中国超超临界火电技术国产化的"最后一公里"被攻克了。后来我们自己开发的、由中国钢铁研究总院发明、宝钢提供钢材、自己命名的钢种 G115，也被宏润"轧"出来了。我想说的是，当工业有这么一个体系的时候，无论是需求还是供给都会产生张力，会引发创新和突破。

新疆特变电工在 1988 年是新疆昌吉市一个濒临破产的街道厂的变压器厂。这家民企非常关键的一步就是参与了 2004 年的一场收购。

　　沈阳有一家非常重要的企业叫沈阳变压器厂，当地政府要把这家生产陷入困境的骨干企业卖掉。西门子和 GE 各派一个团队过去抢购这个企业，个个志在必得。最后经过政府的安排卖给了新疆特变电工，这就使我们过去在工业体系中积累的能力在一个新的形势下被延续下来了。今天的新疆特变电工变压器年产量超过西门子 +ABB，超过 GE，超过日本的东芝、日立，早已成为行业的领军企业。

　　从 2010 年起，中国石油和化工行业总产值居世界第二，其中化学工业总产值居世界第一。2010 年中国石油和化学工业总产值达到 8.82 万亿元，其中化学工业产值达到 5.19 万亿元，按平均汇率计算，突破 7700 亿美元，超越美国（7340 亿美元），跃居世界第一位；2014 年，中国石化行业的营收达 1.4 万亿美元。其中，一种主要的石化产品就是乙烯。从图 12 中可以看到，中国乙烯生产能力快速提高。中国乙烯生产能力的提高也和中国设备工业的突破有关。

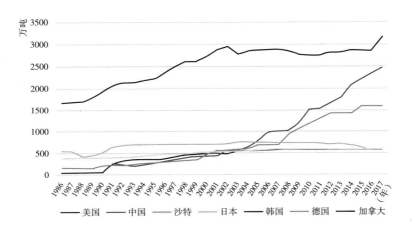

图 12   1986—2017 年世界主要国家乙烯生产能力

    图 13 是中国"三桶油"（中石油、中石化和中海油）与其他主要西方石油公司在世界 500 强榜单上的排名变化。如图所示，1999 年，中石化、中石油在世界 500 强中的排名分别是第 73 位和第 485 位，远在埃克森、皇家荷兰壳牌、英国石油之后。到 2016 年，中石油、中石化在世界 500 强中的排名分别为第 3 位和第 4 位，远远超过其他主要西方石油公司。这个意义非常重大。

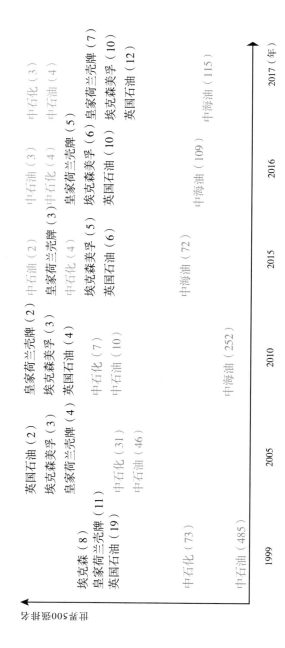

图 13 中国"三桶油"与其他主要西方石油公司在世界 500 强榜单上的排名变化

图 14 是 2003 —2014 年中国石油钻采设备销售收入情况。中国的石油钻采设备 2003 年销售收入才 80 多亿元，到 2014 年就达到了 3100 亿元。

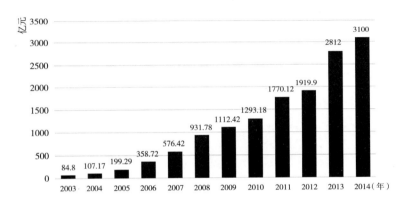

图 14　2003 —2014 年中国石油钻采设备销售收入

图 15 是 1993 —2016 年中、美、意、德、日五个国家的石油天然气钻机出口额情况。世界上大概一半的石油钻机都是中国生产的。中国的宝鸡石油机械有限责任公司是世界最大的石油专采设备企业，此外还有四川宏华、"南阳二机"、兰石集团等。

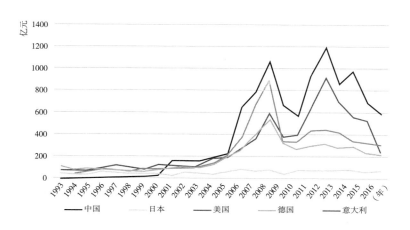

图15 1993—2016年中、美、意、德、日五国的石油天然气钻机出口额

（四）没想到"引进国外先进技术→实现国产化→达到自主开发"的道路走不通

"引进国外先进技术→实现国产化→达到自主开发"的道路实际上是走不通的。关于走不通的原因，汽车工业的反映最典型：只要放弃自主开发，只要把引进作为自主开发的替代而不是补充的时候，基础设施一定是上不来的。这是我们的短板所在。

比如，集成电路工业。1975年中国就做出了动态存储器，但由于各种原因，最后放弃了、不做了。后果就是每年需要进口2000多亿美元的芯片。如大飞机，中国在 20 世纪 80 年代也做过，虽然现在 C919 生产出来了，但是仍然有遗憾，因为 C919 的大部分机载系统都是用外国公司的。为什么呢？因为一旦放弃了、不做了以后，产业链就不复存在了，这就是我们付出的代价。如标准件产业，2011 年以来，中国每年进口标准件 30 万吨，价值接近 30 亿美元。标准件就是我们常见的螺栓、螺母，它们看起来好像很简单，其实技术含量也很高。其实，中国曾经有亚洲最大的标准件企业——沈阳标准件厂，同时还有一个当时机械部和标准件厂共管的标准件研究所。如果没有消失，可以想象，这些企业在后来几十年跟着中国经济起飞之后发展到什么程度。

"引进国外先进技术→实现国产化→达到自主开发"强调的是本身不具备技术条件，就直接引进国外先进技术，一步到位，然后经过国产化，最终实现自主开发。这是它的逻辑。但是，自主创新、自主开发的逻辑是什么？孩子生下来是不会走的，得爬一段时间，然后才会走，这期间有一个学习过程。但是，这条三段式的道路没有为这个学习过程留下余地。

（五）没想到技术引进的效果取决于通过自主开发积累起来的能力

技术引进的效果取决于通过自主开发积累起来的能力。以高铁为例，按照今天流行的观点来说，中国的高铁建设是经过引进、消化、吸收再创新得来的。其实并不是这么简单。中国起初确实引进了高铁技术，但引进之后必须有消化的能力、吸收的能力，这些能力从何而来？当然还是要靠自主研发。中国从 1958 年开始制造电力机车，到 20 世纪 90 年代末，其间制造了很多高速实验列车。在引进高铁技术之前，中国有这样一个基础，所以引进国外高铁技术后，中国的高铁建设能力就变得特别强。

在核电领域，今天高频次出现的词是"华龙一号"。2004 — 2006 年，部分支持引进的人以设计理念先进为由，主张引进美国第三代核电技术 AP1000，然后把中国核电统一在 AP1000 的技术路线上。

结果 AP1000 引进来以后出现了很多问题，以至于不断地延期。好在中国的核电工业把自己的技术坚持做下来了，这就是今天的"华龙一号"。像世界上所有具有自主知识产权核电技术的大国一样，中国的核电技术也起源于核潜艇的开发。中国从 1958 年开始开发核潜艇，后来在四川省夹江县建了一个基地，其主要任务就是做中国核潜艇的陆上模式堆。1970 年 8 月，陆上模式堆第一次满负荷发电。几个月之后，也就是 1970 年 12 月，中国第一艘核潜艇在大连下水。这是中国的自主创新。

后来，我国有很多重大技术装备国产化。1983 年 7 月 12 日，国务院发布了《关于抓紧研制重大技术装备的决定》，指出："为了保证经济发展的战略重点，确定对以下十套重大建设项目的成套技术装备，组织各有关方面的力量，引进国外先进技术进行研究、设计和制造。"

有一些企业的发展就与这一决定直接相关。比如，沈阳鼓风机集团股份有限公司（以下简称沈鼓集团）。沈鼓集团从 1960 年开始自主开发压缩机，压缩机是石油化工中非常关键的设备。刚开始，沈鼓集团以模仿苏联的设备为主。20 世纪 70 年代后期出台了一个"四三方案"，沈鼓集团通过该方案引进了西方技术，实现了大发展。现如今，它是世界上压缩机数量、产量最大的大型离心式压缩机制造企业。比如，杭州汽轮动力集团有限公司（以下简称杭汽集团）。杭汽集团早在 1958 年开始自主开发汽轮机，当时规模很小。20 世纪 70 年代，杭汽集团从西门子引进了反动式汽轮机技术。杭汽集团原本的自主开发是立足另外一条技术轨道的，但是它把两条技术轨道全都保留下来了，今天它是世界上最大的工业汽轮机制造企业。比如，杭州制氧机集团股份有限公司（以下简称杭氧集团）。杭氧集团在 1956 年开始自主开发第一台空分设备，也就是制氧机。20 世纪 80 年代初，杭氧集团从德国林德集团引进空分技术，但同时也向德国林德集团出口了技术，今天它是世界上最大的空分设备制造企业。这些企业在发展过程中都是先自力更生、自己做，中间引进、吸收、消化先进技术之后，才取得了今天的成就。

　　与之形成鲜明对比的是中国的彩色显像管工业。

由于自身技术水平不高就直接放弃，然后引进，最后走进平板显示的时代，随着技术的变化而崩溃。中国的 PC 工业在放弃技术研发之后也逐渐沦为组装工业。

我们不难发现，到底哪个是变量，哪个是决定性变量。在我们的观察中，凡是有自主开发基础、有自主开发经验的行业或企业，在引进国外先进技术之后，通过吸收、消化，都能逐渐成长起来。而凡是没有自主研发、直接引进国外技术的行业或企业，面临崩溃的可能性较大。

所以，需要强调的是，要实现大型技术装备国产化的目标，必须依靠自主开发的相互协作。

中国企业在改革开放进程中经历了一些曲折。以低速柴油机为例，在 1958 年前后，沪东造船厂、上海交大等就开始自主开发低速柴油机了。最后装在首艘出口万吨轮上的低速柴油机就是我们自主做的型号。然后，到了 20 世纪 80 年代就停止开发了，分别引进了苏尔寿、B&W、瑞士 BBC 公司（现 ABB 公司）、德国 GEA 公司的生产许可。

1995 年最后一台 34/82 型低速柴油机完工后，中国自主低速柴油机的生产进入长达 20 余年的停滞期，中国低速柴油机产业逐渐沦为国际低速柴油机巨头专利授权生产的"组装车间"。即使到了 2007 年，中国成了造船大国，但低速柴油机还得依靠进口。2012 年沪东重机在工信部批准下重新走上了自主开发船用低速柴油机的道路。

当然，一些国有企业在改革开放过程中经历了一个凤凰涅槃的过程。

比如，中国建材集团。1984 年刚成立的时候，中国建材集团只有北新建材等几个企业，后来收编了几个科研所，2002 年中国建材集团收入 20 亿元，贷款 32 亿元且全部逾期。但如今，它已成为世界最大的建材制造商和世界领先的综合服务商。对于这么大规模的央企集团，分析它时要着重看它的二级企业。

从中国建材集团的二级企业来看，中国建材集团中仅涉及水泥产业的公司不止一个。中国建材集团的水泥生产年产能达到 5.3 亿吨，印度的水泥产能居全球第二，也只有 2.8 亿吨。

中国建材集团的水泥工程到 2017 年累计承接海外水泥生产线 312 条，国际市场占有率达 65%。

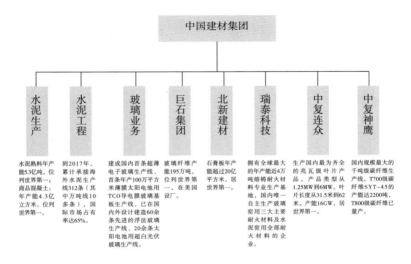

图16　中国建材集团二级企业一览

比如，中信重工。这个企业原本叫洛阳矿山机器厂，是 20 世纪 50 年代在洛阳建起来的。2004年，它的上一任董事长接手时，整个企业在之前 13年间只买过一台二手机床，本科学历以上的员工在 3 年内走了 1100 人，净资产已经是 −3 亿元，欠工资、欠统筹、欠税、欠集团贷款、欠利息。洛阳市政府已经不能给它提供任何支持，当时的境况特别困难。最后，该企业决定投靠大集团，之后加入中信，改成中信重工。在 2006 — 2008 年，该企业做了一个新重机工程，核心就是世界上最大的重达 18500 吨的油压机，这个油压机由德国人设计，由中国人制造。从此以后，该企业一飞冲天，实现了高增长发展，现在世界上几乎所有大的矿山公司都在使用它的设备。

（六）没想到差点"沦陷"的工业能够被"揭竿而起"者逆转

差点"沦陷"的工业被"揭竿而起"者逆转，这样的故事有一个典型，就是日化产业。20 世纪 80 年代倡导引进外资，导致宝洁、联合利华、日本花王、德国汉高等企业几乎垄断了中国市场。但是只要体系中的相关知识和供应链还存在，就早晚会有人"揭竿而起"。

"白猫""中华"这些中国过去的本土品牌地位不再，但"立白""纳爱斯""蓝月亮"等本土企业

"揭竿而起"，市场上出现了一批新的企业。到今天，本土企业与外资企业基本上势均力敌，这个过程还在继续。

这里面还有好多经验教训。

如轮胎企业。大约在 2000 年的时候，中国的轮胎企业基本上都被跨国公司收购了。那时候中国的橡胶轮胎工业基本上处于彻底沦陷的状态。进入 21 世纪之后，中国轮胎工业发生了一次逆转，中国变成了世界上最大的轮胎生产国，并大量出口中国轮胎。

这次行业逆转与青岛科技大学有关。青岛科技大学原本是化工部下属的一所行业学校，橡胶是它的专业。中国橡胶工业中，中层管理人员加上技术骨干差不多有 80% 毕业于这所学校。这所学校校办企业的负责人带着一群人出来创业，在 2000 年成立了青岛软控，开始做软件，通过控制系统来改善橡胶生产。该负责人曾经跟我提到过他创立青岛软控的一个动机。当时，中国的橡胶厂、轮胎厂基本上都被外资企业控制了，外资企业不愿意让学校的学生进入相关企业实习，所以他们意识到还是要把橡胶工业做好。成立青岛软控就是为了做软件，后来开始做硬件。到 2008 年，他们做出了世界上第一个轮胎企业操作系统。这个系统做出来以后，所有的橡胶就可以在生产过程当中产生数据，而且可以通过互联网来指挥。把软件做出来，再把硬件做出来，再加一个运营系统、财务系统，就变成了一个工厂模式。所以，这家企业号称"软控不生产轮胎，而是'生产'轮胎企业"。在那之后，中国出现了一大批轮胎企业，实现了中国轮胎工业的逆转，使中国成为世界上最大的轮胎生产国。

（七）没想到民营企业的发展路径是被塑造的

表 2 是 2016 年发布的 252 家中国最大民营制造业企业的工业门类分布，其中在资本密集型工业分布的有 209 家，在劳动密集型工业分布的有 43 家。那么，中国的民营企业为什么在起步阶段就能大规模进入资本密集型工业领域？我认为这与之前既有的工业体系的影响分不开。以石油钻采设备行业为例。石油钻采设备行业中有几家规模比较大的民营

企业。这几家企业的创始人都有一个共同点，就是他们在创建自己的企业前都有在油田工作过的经历。同理，没有前面石油工业的发展，石油钻采设备这个行业也发展不起来。

表2　252家中国最大民营制造业企业的工业门类分布

工业门类	1978年以前	1979—1988年	1989—2001年
电气机械和器材制造业	6	15	8
有色金属冶炼与压延加工业	1	12	9
化学纤维制造业	1	8	4
汽车制造业	3	7	4
黑色金属冶炼和压延加工业	5	7	10
计算机、通信及其他电子设备制造业	2	6	6
专用设备制造业	0	7	4
石油加工、炼焦和核燃料加工业	3	5	9
化学原料和化学制品制造业	2	5	14
通用设备制造业	0	2	1
非矿物金属制品业	4	3	1
仪器仪表业	1	0	0
橡胶和塑料制品业	1	3	3
金属制品业	1	5	5
医药制造业	0	0	9
合计	209		

工业门类	1978 年以前	1979—1988 年	1989—2001 年
纺织服装、服饰业	3	3	2
农副食品加工业	0	3	3
造纸和制品业	0	3	1
酒、饮料和精制茶制造业	1	2	1
食品制造业	1	1	4
家具制造业	0	1	0
皮革、皮毛、羽毛及其制品和制鞋业	1	1	1
文教、工美、体育和娱乐用品制造业	1	1	0
废弃资源综合利用业	0	1	1
纺织业	1	1	3
奶制品业	1	0	0
木材加工和木、竹、藤等加工业	0	0	1
合计	43		

数据来源：根据全国工商联 2016 年发布的民营企业 500 强资料整理。

（八）没想到中国民营企业能把分工做到极致

分工是报酬递增机制的一个重要来源。中国民营企业已经把很多行业的分工做到了极致。

以家电行业为例，中国现在已经有了一些比较大的冰箱、空调的品牌商，如海尔、美的、格力等。此外，给冰箱、空调提供零部件的厂商也非常重要，不可或缺。如华意压缩机股份有限公司，专门生产冰箱类无氟制冷压缩机，销量全球第一，年销售额80亿元以上。河南科隆集团有限公司，主要生产空调的蒸发器、冷凝器，销量世界第一，年销售额25亿元以上。浙江三花股份有限公司，主要生产空调四通换向阀、电子膨胀阀等小零件，它的口号就是"小产品，大产业"，如今也是全球销量第一，占全球市场换向阀50%的市场份额，年销售额达6亿多元。这样的例子还有很多。在这样高度分工的市场环境下，整个产品的生产成本最终一定是趋向于大幅度下降的。

（九）没想到国有企业和民营企业已经形成共生关系

其实很多人都没有意识到，我们的国有企业和民营企业现在已经形成了共生关系。

以无缝钢管行业为例，有一家民营企业叫无锡西姆莱斯石油专用管制造有限公司。作为民营企业，不管设备是进口的还是国产的，关键还是看技术。它在生产中使用了太原通泽重工生产的设备，在行业里率先实现了技术突破。它的这一突破，使中国一跃成为世界三大油管生产国之一。

我们可以在中国看到国有企业和民营企业的这种共生关系。国有企业的知识、技能、经验会随着市场的发展向民营企业扩散。民营企业会紧盯市场机会，追求利润。因而在设备使用上，对国产设备没有偏见，这样就逐步推动了报酬递增这一机制的形成。

（十）没想到外资流入的前提是中国工业基础的发展

图 17 是 1979 — 2018 年香港地区和深圳地区 GDP 对比情况。2018 年，深圳地区 GDP 首超香港地区。香港地区 GDP 中金融服务业占到了 70%，而深圳地区 GDP 的 70% 来源于制造业。

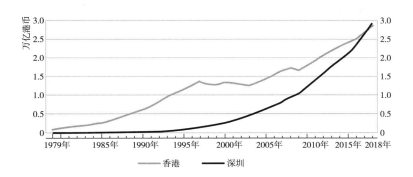

图 17 1979—2018 年香港地区和深圳地区 GDP 对比

这就是我们要说的，没想到外资流入的前提是中国工业基础的发展。我们之前总想着，在一无所有的时候引进外资，我们就能发展了。

但真的一无所有的时候，外资是进不来的。外资只会进入有市场的地方。当初我们建经济特区的主要目的就是吸引外资，但深圳能吸引外资的一个前提是它吸引了更多的内资。内资去了，外资才跟着去，存在这样一种关系。深圳有两次吸引内资流入的高潮。第一次是在 20 世纪 80 年代初，大量来自北京的中央部委在深圳开设窗口。第二次是在邓小平南方谈话之后，内资又一次流向深圳。在这样的条件下，外资流向深圳，然后在深圳产生了产业集聚。从改革开放之初至今来考察外资和中国工业的关系，一个清晰的事实是，流入的外资从来没有被用来创建过一个中国原来没有的工业，全都是流入中国已有的工业领域。

如我们没有半导体芯片，引来了外资，我们就有了半导体产业。这样的案例在历史上从来没发生过。一直都是我们先有了工业，先有了市场，外资才来。外资流入的动机很简单，它不是来参与一个工业领域从无到有的建设的，而是希望从已有的市场上赚钱的，这才是外资流入的逻辑。

现在以深圳为中心的珠三角出现了一个世界上规模最大的电子产品制造业的集聚。这个集聚长期以来都被看作低端的，但现在情况发生了变化。举例来说，2016 年小米公司推出了手机全面屏的概念。后来三星公司和苹果公司都做了全面屏。但"全面屏"这个概念，是小米领先的。我们可以看到，近几年中国的手机厂商已经可以在终端产品上和世界上最领先的国际厂商 PK 了，有时候还比他们超前得多，全面屏就是一个反映。为什么能做到呢？因为像全面屏这一技术，不仅取决于终端厂商的设计，而且要求与屏幕变化相关联的其他模块在形状大小、加工工艺、材料和成本等方面做出相应的改变。三星公司和苹果公司在这些创新上追不上中国企业的原因就在于以深圳为中心的珠三角出现了一个产业链的集聚。我们看到的是一些国产厂商的努力，实际上背后有一堆供应链企业在为其提供支持。手机上的这些变化都与供应链紧密相关，而手机厂商的主要供应商在珠三角。所以，不管手机产业怎么发展，中国这条产业链在整个世界范围内的话语权都会上升。

我用了 10 个"没想到"来描述中国经济的发展。至此，应该可以得出一个结论性的认识：中国工业体系的知识和经验基础是在改革开放前 30 年奠定的，如果没有改革开放前 30 年的工业化，改革开放之初的中国就只有廉价劳动力，没有较高的技能水平。当然，改革开放同样也是必需的，只有改革开放带来市场化，才能使中国工业体系从报酬递增机制中获益。市场化可以为创新提供机会，但自主创新精神同样源自改革开放前 30 年深入人心的独立自主研发。二者交织在一起。

三、中国的经济增长故事还没结束

一位美国经济学家从室内温度、旅行速度、城市化三个角度来解释美国经济为什么长期保持低增长状态。在他看来，美国的室内温度已经达到了冬暖夏凉，旅行速度差不多就是波音飞机的速度，城市化水平也很高，这样的经济增长状态很正常。而对于中国广大老百姓来说，中国的室内温度还不行，旅行速度也没那么快，城市化水平也不高。换句话说，我们还没有解决基本的民生问题，我们的潜在需求非常大。由于购买力决定市场规模，而生产能力又决定购买力，中国工业体系的发展也会决定中国有效需求的增长。在我看来，需求和供给并不像主流经济学描述的是两个来源不明的独立存在，二者其实处在循环关系之中。只有产业升级才能扩大有效供给，应该摒弃把新动能和旧动能割裂的"二分法"，让创新和技术进步内生于工业体系，然后抛弃幻想，加大自主。从这个角度来展望中国经济的前景，我认为中国的经济增长故事还没结束。这是我最基本的看法。

2019 年，德国联邦经济和能源部发布了《国家工业战略 2030》，指出把工业分为"脏乱陈旧"和"清洁新型"是错误的做法。工业就是工业，不要害怕在高新技术上努力，要通过技术融合产生"新物种"，将创新内生于工业体系。

如可燃冰，中国是世界上第一个开发工业规模可燃冰的国家。美国、日本都曾经尝试过，但都失败了，为什么中国开采取得了成功？因为中国有世界上最大的石油天然气公司，有世界上最大的可移动钻井平台，有世界第一的石油钻采设备工业。

在技术进步与经济增长互动方面，我认为，中国只要能保持增长，中国的技术领先是没有问题的。为什么这个世界上很多产品的大型化或高端化，如特高压电网、高铁、大型船舶、大型乙烯装置、超临界发电机组、核电、光伏、新能源汽车等，越来越只有中国企业还在不断地攀登，而其他曾经垄断技术的国家基本停滞在当年的某个位置上呢？为什么只有中国最有可能在诸如大飞机、集成电路、半导体显示等短板工业实现突破？我的答案是，因为只有中国的经济还在持续增长。一旦中国经济的规模和复杂度上限超越外国，那么只要中国工业坚持自主开发，就必然在技术上领先。这是没有什么疑问的。同时，我反对就技术说技术的观点。事实证明，世界上没有任何先进技术能在没有市场的情况下发展起来。

总的来说，中国今天的发展成就植根于整个新中国成立 70 多年的历史。改革开放是高增长的必要条件，但充分条件是中国工业体系的能量迸发。

改革开放、国家能力与经济发展

王绍光

清华大学国情研究院特聘研究员，公共管理学院、苏世民书院特聘教授。

我们看到很多关于改革开放与经济增长的说法，这些说法里有一个基本的假设，就是只要进行改革开放，就能实现经济增长。但是，这种假设本身恐怕有一个逻辑上的跳跃。因为在过去的300多年、150多年、40多年中，进行改革开放的经济体有很多，但真正取得成功的很少很少。所以，只要进行改革开放就能实现经济增长这种假设实际上是不成立的。

　　进行改革开放不一定能取得成功。从19世纪下半叶到20世纪头20年，世界上进行改革开放的经济体有很多。当时非西方国家都面临来自西方列强强大军事和经济实力的挤压，他们都希望改变这种情况，实际上都不约而同地走上了一条改革开放的道路，希望找到一条实现现代化的捷径。如埃及，在19世纪中叶，埃及就开始进行土地、税收、法律等方方面面的改革。当时的埃及创办了现代银行，兴建了第一条准轨铁路，这都比我国要早得多。奥斯曼帝国在垮台以前，也进行了将近一个世纪的改革。伊朗巴列维王朝的缔造者礼萨·汗在 19 世纪末 20 世纪初效仿西方对伊朗也进行了一系列的改革。中国清王朝从 19 世纪中叶以后，尤其是 19 世纪末 20 世纪初戊戌变法失败以后，后面还有一些改革措施，如清末的新政进行了政治、经济、军事、司法、文教等方面一系列改革。这些改革大多失败了，或者说都不太成功。成功的例子就是日本，在明治维新以后，日本的国力日渐强盛走向现代化。所以，从过去 150 多年的经验来看，进行改革开放不一定就能取得成功。

如果再看近一点，过去 40 多年，其实很多地方都进行过改革开放。1979 年埃及就进行改革开放，1980 年土耳其就宣布进行经济改革，1983 年印度尼西亚开始进行经济自由化的改革，1986 年越南进行革新开放。到 20 世纪 80 年代末，当时身陷债务危机的拉美国家都开始进行改革开放。20 世纪 80

年代末，苏联、东欧国家有一个彻底的转型。这都是改革开放，但成功的很少。

1985—2018 年，中国人均 GDP 的变化很明显。其他国家和地区包括苏联、东欧国家，有些做得稍微好一点，现在人均 GDP 水平比 1985 年高，但是还有好多国家现在的人均 GDP 还达不到 1985 年的水平。1985 年距今已经 35 年了，35 年人均 GDP 不增反降，这是难以想象的。尤其是乌克兰，2018 年乌克兰的人均 GDP 是 1989 年的 74%。乌克兰改革了 35 年，人均 GDP 下降了 25%，这样的改革很难讲是成功的。

所以，进行改革开放，包括经济改革、政治改革，不一定保证能够成功，不管从过去 300 多年、150 多年还是过去 40 多年来看，都是如此。要想改革开放取得成功，达到经济增长、经济发展的目的，还离不开一个前提条件，就是要有一定的国家能力，这就需要一个有效的政府。什么叫有效的政府？我理解的有效政府是具备基础性的国家能力的政府，它不一定是改革开放成功的唯一前提条件，但至少是一个关键的前提条件，也就是一个必备条件——有了它不一定成功，但没有它一定成功不了。

一个有效的政府是很关键的。以中国来讲，1949 年中国建立了一个有效的政府，前 30 年为中国后来的发展奠定了坚实的基础，之后这个有效的政府在此基础上为整个国家的改革开放保驾护航，接着又走了 40 多年。所以，中国这 70 多年来的发展总体来讲得益于有一个有效的政府。

一个有效的政府必须具备基础性的国家能力。什么叫国家能力？

简单地讲，国家能力就是能把自己的意志变为行动、化为现实的能力。构成这种基础性的国家能力的要素主要有七个。第一，强制能力；第二，汲取能力；第三，濡化能力，这三项是前现代国家应该具备的能力。还有其他四项是 20 世纪 50 年代以后的国家应该具备的基本能力，即认证能力、规管能力、统领能力和再分配能力。

一、东西方的分流

首先从东西方的大分流来看改革开放、国家能力与经济增长这三者之间的关系。

西方人出了一系列著作去分析、解读为什么西方能够发展得比较早、比较好。这些书可能从 19 世纪末就有了，过去几十年就更多了。

有一本书叫《文明》，这本书讲，大约从 1500 年开始，欧亚大陆西端的一些小型政治实体开始一步步地变成世界霸主。为什么？该书作者给了一个答案，他认为是因为西方国家手里有六样别的国家没有的东西，他把它们叫作"killer apps"，我翻译成"撒手锏"。他讲的第一个是竞争，第二个是科学，第三个是法治，第四个是医药，第五个是消费主义，最后一个是工作伦理。他能用这些东西解释为什么西方兴起，但要用这些去解释中国的兴起就存在困难，因为他的解释没有放在比较和历史的视野之中。

另一本书也被翻译成中文了，就是《国家为什么会失败》，在经济学界影响很大。根据这本书的结论，之所以西方国家可以发展起来，其他国家发展不起来，是因为西方国家拥有一种成功的体制，即包容性的制度。其他国家为什么不行呢？因为其制度都是榨取性的。这是西方人解释的整个西方兴起的原因。

西方兴起还有很多其他原因，这里先不去谈。但在近代史上，东西方确实出现了大的分流，这是没有争议的。从 18 世纪下半叶到 19 世纪上半叶，以工业革命为标志，西方跟其他国家走上岔路，至少是大家都认同的东西方分流的起点。

工业革命为什么会发生在西方，而不是发生在别的地方？回答这个问题其实很简单，就是反思在工业革命之前还发生过一些什么事。工业革命之前出现了许多变革，如科学革命、军事革命，然后出现一种新的国家形式——财政—军事国家，继而出现大规模的殖民主义、大规模的奴隶贸易，带来了国家税收的增长。这些变化都出现在工业革命之前。按时间顺序来看，科学革命诞生于 16 —18 世纪，军事革命诞生于 16—17 世纪，财政—军事国家在 17—18 世纪初步形成，真正大规模的殖民主义和奴隶贸易在 17 世纪以后非常普遍，大概在 18 世纪、19 世纪西方国家的税收出现明显增长。工业革命就是发生在这么一个时段。

受内生经济增长理论的影响，很多做分析研究的人认为，人力资本、科学、知识对经济增长的贡献率比较高，进而得出一个基本假设，认为科学可能在经济增长中扮演非常重要的角色。但在学界，关于科学革命和工业革命的关系，到现在为止实际上是没有定论的，甚至大部分人认为两者之间没有太大关系。原因很简单，17 世纪以前，科学的演进并没有积累性，与技术进步没有什么关系。19 世纪以后有一个变化，就是科学带有积累性了，与技术有更密切的关系。所以，内生经济增长理论可能对解释 19 世纪以后的事情是有用的。但是，在 17—19 世纪二者之间是什么关系？现在至少有三种看法。

第一，科学发现与技术进步有密切关系，技术进步与工业革命有密切关系。

第二，科学与技术进步、工业革命没有什么关系。这其实是很多科技史专家和经济史专家的看法。当时真正能促进技术进步的主要是工匠，工匠是在干中学的，而不是读了书、懂了科学后才从事生产，所以二者没有什么关系。

第三，科学在工业革命中的作用尚不明确，但是科学态度是有用的。这是一个折中的看法。

总体来讲，我的看法倾向于 16 —18 世纪的科学革命跟后期发生的工业革命没有什么太大的关系。举一个简单的证据，在工业革命进程中，有两个产业至关重要。最重要的是纺织产业，占 GDP 的一半或者更多，其次就是冶炼产业或者叫钢铁产业，但这两个产业基本上跟当时的科学发现没什么联系。所以对科学与工业革命的关系，我基本上持否定的态度，可能存在其他因素与工业革命的关系更密切。

其实在工业革命以前，有些人已经开始隐隐约约地感觉到国家对经济发展的作用。最早有这个意识的人很可能是霍布斯。霍布斯有这样一句话：在一个没有共同权力使大家慑服的时候，人们便处于所谓的战争状态，这种战争是每个人对每个人的战争。如果处在这样一种状态，产业是无法存在的，因为其成果不稳定，生产出来的东西马上就被人抢走了，导致的结果就是大家都不愿意去生产。最糟糕的是人们不断地处于暴力、死亡的恐惧和危险中，人的生活孤独、贫困、卑污、残忍而短寿。这是霍布斯最重要的一句话。没有一个有效的国家，人们干什么都是没有用的。

还有一个人，就是亚当·斯密。大家可能都读过他的《国富论》，但很多人读的可能是第一卷和第二卷，其第三卷、第五卷大量篇幅都在讲政治、国家能力、暴力、如何克服暴力等。在《国富论》以前，他的《亚当·斯密关于法律、警察、岁入及军备的演讲》一书全都在讲国家的强制能力。所以，亚当·斯密是比较重视这些内容的。但是今天好像提到亚当·斯密，都是在强调自由竞争，这就把他的观点严重简化了。

为什么16世纪以后西方突然出现军事革命，然后变成军事上的强国？很可能跟战争有关。关于人类国家的形成，以前有一些不同的理论，但从考古发掘来看，暴力、战争跟国家的形成密切相关，全世界几乎没有一个地方例外。战争比较多、比较频繁的地方，可能对当地的政治、经济、军事格局有很大的影响。

1640 年以前中国战争的频率跟欧洲不相上下，1640 年以后欧洲战争的频率比中国要高得多。为了存活下来，欧洲国家必须进行军事上的竞争，这就促使军事组织、武器装备各个方面发生变化，进而引发军事革命。"军事革命"是 1956 年英国历史学家迈克·罗伯斯提出来的，后来经过了几十年的讨论，现在大家基本上都认同 16 世纪、17 世纪西方发生了一场重大的军事革命，武器、组织、军队规模都发生了变化，所以它的军事力量开始强起来。以至于现在很多西方学者都认为，军事是衡量国家能力一个很重要的标准。著名社会学家查尔斯·蒂利（Charles Tilly）干脆画了一个等号，认为军事化就等于文明。近几年，伊恩·莫里斯（Ian

Morris）写的《文明的度量》一书也讲道，战争能力是衡量文明的标准。他认为国家有强制能力是一件很重要的事情。在这本书里，他画了一张表比较东西方的战争能力。从这个表中可以看出，公元600年左右，东方的战争能力比西方要高，这种情况一直持续到1400年。也就是说，在15世纪初，东方的战争能力还是比西方高一点点，再往后就不一样了。西方的战争能力从16世纪开始超过东方一点点，17世纪则高了很多，18世纪高得非常多，到19世纪东西方已经完全不在一个数量级上。欧洲军队在这个时候规模开始迅速膨胀。

之后，出现了经济上的大分流，也就是英国的工业革命，使英国从一个非常小的国家在工业上、经济上、军事上都变成强国。军事能力就是我们之前讲的强制能力。对内而言，强大的军事能力可以为国家的改革开放保驾护航，创造内部的和平环境。亚当·斯密在《国富论》里专门讨论了常备军的重要性。他认为常备军是现代社会的标志，要发展经济，除了比较优势、市场以外，常备军也是必要条件之一。全球最早的专职警察出现在 1830 年左右的英国伦敦。

而在中国，专职警察的出现要晚 70 年左右。对外，强制能力也非常重要。它有助于掠夺海外资源，开拓海外市场。殖民地、奴隶贸易的背后，都是以炮舰作为后盾的重商主义。

有了强制能力以后，可以做很多事情，首先就是殖民主义。西方殖民主义历时 300 年，最早由西班牙、葡萄牙推行。到 16 世纪、17 世纪，荷兰、英国、法国等欧洲强国纷纷建立海外殖民地，再往后欧洲倾巢而出去开拓殖民地，包括今天号称很和平的北欧小国，当年都是殖民者。

这个时候，有了军事力量做后盾，就出现了一些实际上是武装集团的公司，如荷兰的东印度公司。为什么会出现这个公司？因为当时有一个英国的冒险家参加了北美和南美的殖民扩张，他根据自己的亲身经历告诉伊丽莎白一世女王，谁控制了海洋，谁就控制了世界贸易，谁控制了世界贸易，谁就控制了世界财富，最后也就控制了世界。英国在 1600

年成立了东印度公司，英国东印度公司给英国带来
了大量的财富。

两年以后，也就是 1602 年，荷兰也成立了东印
度公司。荷兰东印度公司最早出任印度尼西亚总督
的人在董事会上这样讲，只有诸位掌握武器才能为
驱动和维持亚洲的贸易提供保护，而这些武器则必
须由贸易的利润来支付。也就是说，没有战争就无
法进行贸易，反过来没有贸易也无法进行战争，军
事和财政收入是紧密连在一起的。

荷兰东印度公司在其巅峰时代有 7 万名雇员，
其中 1/5 是军人，是雇佣兵。今天有人反推它巅峰
时的市值，约合今天的 7.4 万亿美元，是苹果公司
最高市值的 8 倍。有人称它是有史以来市值最高的
公司。

所以，马克思在《资本论》里讲，荷兰是第一
个充分发展殖民制度的国家。有东印度公司的国家
不仅仅是荷兰，英国、丹麦、葡萄牙、法国、瑞典、
奥地利都有，这些都是军事集团，既殖民又掠夺。

除了东印度公司以外，欧洲列强还在很多地方

成立了很多其他特许垄断公司，也都是半军事性的。

马克思引用过一句话，他说所谓基督教人种在世界各地对其所能奴役的一切民族所采取的野蛮和残酷的暴行是世界历史上任何时期、任何野蛮、愚昧和残暴无耻的人种都无法比拟的。这话说得很到位。马克思还进一步点到了实质，他说殖民制度大大地促进了贸易和航运的发展，垄断公司是资本积累的强有力的手段。发展经济要有资本积累，原始积累从哪里来？剥削工人阶级只是一方面，还有一方面是通过海外掠夺。在欧洲以外，直接靠掠夺、奴役和杀人越货而夺得的财宝流入宗主国，在这里化为资本。

另外，西方的奴隶贸易也长达300年。跟殖民主义有着相似的发展经历，西班牙、葡萄牙最早开始，然后荷兰、英国、法国紧随其后，再往后几乎所有的欧洲国家都卷入奴隶贸易。300年间，大约有1200万人被从非洲运到了美洲当奴隶，还有很多人在途中死掉。有人估计，在此期间，非洲总人口减少了3000万人左右。而人是发展经济最重要的资源。

正如马克思在《资本论》第一卷第二十四章里提到的，美洲金银产地被发现，土著居民被剿灭、被奴役和被埋葬于矿井，对东印度开始进行征服和掠夺，非洲变成商业性的猎获黑人的场所。这一切标志着资本主义生产时代的曙光。资本主义生产时代的曙光不是什么市场、版权、科学发现、比较优势，而是以最残酷的暴力为基础的，如殖民制度。所以，国家汲取能力、强制能力是很重要的，马克思早就认识到了这一点，并指出暴力是每一个孕育着新社会的旧社会的助产婆，暴力本身就是一种经济力。至少从西方国家的发展历程来看，正是如此。

军事国家出现以后，就有了财政国家。各国军队的规模变大，组织方式变得更为复杂，战场扩张到全球范围，使得战争的费用急剧增加。这个时候国家的强制能力就需要有汲取能力作为基础。反过来，军事竞争又促进了财政手段与技术手段的进步。所以，财政—军事国家就是指通过税收和其他财政创新的手段保障大规模战事可以进行的国家。在此基础上，财政—军事国家得以在 18 世纪、19 世纪征服世界上大片的土地，成为全球的霸主。对国家而言，汲取能力是非常重要的。如欧洲 16 世纪左右思想家博丹就曾在《国家六书》里提到，税收是国家的神经，没有税收，一个国家就没法运作。霍布斯也讲得很清楚：你们想要和平，对不起，税收就是和平的价钱。你想要和平，想平稳地发展经济，你得交钱。

　　有些人有这样一种观点，认为经济增长了，国家汲取的钱才更多。我认为恰恰相反，国家先汲取了足够的财富，经济才能增长，才会有之后的工业革命。英国在 1688 —1815 年间 GDP 增长了 3 倍，实际税收增长了 15 倍。英国的税收总量从 17 世纪以后就开始快速增长。人均税收在 16 —18 世纪也是快速增长的。与之相比，这一时期的中国在这方面是比较弱的。有位学者对鸦片战争以前清朝政府的税收做了一个最高的估计，每年也不会超过 3 亿两白银。3 亿两白银，相当于 110 亿克银子。英国的税收当时相当于 30 亿克银子，为当时中国的

1/3。但是，中国的人口是当时英国人口的 20~25
倍，换句话说，英国当时的人均税收是中国的 7~8
倍。从这个角度来看，当时中国的汲取能力是比较
弱的。

如前所述，强制能力跟经济发展有关，事实上
汲取能力跟经济发展也有关。强大的汲取能力首先
可以支撑军事国家，其次可以进行很多基础设施的
建设。

关于国家能力和早期经济发展之间的关系，在
这里可以引几个已经有人在做的研究作为证据。一
名经济史家发现，1815 年以前，因为英国具有对外
维护自身安全、对内维护秩序和产权的国家能力，
得以促进投资和国际贸易，使英国成了第一个工业
国家。有两位学者 2014 年的研究发现则从反面证明
了这一点。根据他们的研究，随着西班牙的汲取能
力急剧下降，西班牙整个国家衰落下来。

所以，有学者说，近代早期之所以出现东方的
衰败和西方的繁荣，根本原因在于国家的重要性作
用和功能上。华裔学者孙隆基指出，中国未能成为

近代世界经济的领头羊，乃是因为它没有变成一个战争财政国家。

二、中日的分流

再来看中日之间的大分流。

2018 年中信出版社出版了一本书，叫《国家的启蒙：日本帝国崛起之源》，作者是马国川。这本书实际上重复了一个很流行的看法，就是从费正清开始，大家普遍认为中国和日本的差距是 1868 年日本明治维新以后才拉开的，因为这个时期日本进行了彻底的改革，而中国的改革不够彻底。这本书提到，日本进入明治维新时代，通过对外开放、对内改革走向了富国强民的近代化道路，日本的改革非常彻底，引导明治维新走向了成功。实际上最近的研究发现，早在 1850 年以前，中日两国已经出现了经济的分流、国家能力的分流、国家统一的分流。

在明治维新以前，分流表现在两个方面，一个是经济方面，一个是国家能力方面。从经济方面看，中日人均 GDP 的差异很早就出现了。中国人均 GDP 在 1661 年确实高于日本，而到 1766 年前后日本人均 GDP 高于中国。也就是说，在明治维新以前，日本人均 GDP 已经高于中国，它不是明治维新以后才出现的一个新局面。

从国家的汲取能力来讲，日本人均税收从 1650 年到 1850 年虽略有下降，但基本上维持在同一条水平线上，也就是国家的汲取能力没有明显的下滑。但中国人均税收是急剧下降的。中国香港科技大学一位教授就在研究这个问题。根据他的计算，中国的人均税收负担在宋代的时候达到 0.8，从明代开始就逐渐下降，到清代时下降的趋势更为明显，这充分说明中国的汲取能力在减弱。税缴得少了，老百姓很高兴，但导致的结果就是国家手里没钱，没有能力去做很多事情。所以，从数据来看，早在 1850 年以前，日本的汲取能力已经高于中国。在 18 世纪、19 世纪上半叶，中国的汲取能力持续下降，这使得中日两国在国家汲取能力方面的差距急剧扩大。

较强的国家能力，也许可以解释日本为什么比中国的现代化稍微早一点。在德川幕府时期和明治时期，日本政府可以提供更多、更好的公共物品，如道路、桥梁、港口、灯塔、消防，还有赈灾。而且因为有大量税收，国家能够更有效地组建军队来镇压国内各种势力对改革开放的阻挠。反过来，不断下滑的国家汲取能力也可以解释为什么中国的现代化起步比日本要晚。

以道路为例，当时的中国和明治维新以前的日本相比，中国道路比日本长。但是论道路的密度则要比日本低得多，日本道路密度是中国的好几倍，而且基本上到了明治时期已经把几个主要岛连起来了。大家都知道，中国有一条经验，是"要想富先修路"，说明基础设施建设在经济发展中是非常重要的。当时中国的铁路建设就已经落后日本很多，况且其中很多还不是中国人自己建的。

中日两国的强制能力也不一样。1850 年以后，中国和日本都面临着外患，也就是来自西方的挤压，但是两国的回应方式截然不同。

当时的中国作为有着长期集权传统的国家，却因为无法对抗太平天国等农民起义开始走向分权。打败太平天国以后，想收权也收不上来了，被迫走向分权。而日本本来军权相当分散，结果却走向了集权。在明治维新时期的改革举措中，1871年的废藩置县非常重要，这相当于秦始皇的废封建置郡县，彻底终结了幕府体制。随着1872年日本陆军、海军成立，1873年日本推出了征兵制，用平民出身的士兵代替了武士阶级，建立了集中统一的常备军。而中国建立统一的常备军则是在新中国成立以后，比日本晚了70多年。而且差不多同时，日本建立了地方和全国性的警察体制，这也比中国早20多年。所以，日本在明治维新的初期就完成了国家对暴力的垄断，这一点比中国要早很多年。

今天我们讲明治维新，好像过程比较顺利，反抗比较少，而实际上一点都不少。明治时期，日本的农民起义跟德川幕府时期相比，每年的总量是上升的，但是因为已经组建了常备军，有统一的军事力量，所以农民起义很快都被镇压下去了。另外，日本当时命令大名取消私人军队，使武士阶级造反。但最长的一次也就持续了七八个月。有统一的、听指挥的常备军了，就可以为改革开放保驾护航。

日本近代军国主义之父、日本陆军的缔造者山县有朋曾说：维新大业成就以来，已有 40 余年，细想起来国运的发展主要靠武备的力量。以此可见国家强制能力的作用。

所以，不管从东西的大分流还是中日的大分流来看，晚清的国家能力十分有限。后来，新中国成立后出现一个大合流，就是我们开始赶上并逐步超过其他国家的时期。新中国成立以后的大合流正是因为在制定贯彻落实全国政策方面中国展现了前所未有的能力，由此以来第一次把中央政府的统治视角深入乡村一级。这一点，必须依靠国家能力才能解释，仅靠经济政策、改革开放未必解释得通。

三、其他地区的分流

最后，讲讲国家能力和其他地区的分流。比如，东亚跟其他地区的发展就不太一样，最早对东亚发展起来的解释完全是市场的解释。1990年我刚到耶鲁大学任教的时候，有一个老先生叫费景翰（音译），他是最早对中国台湾地区以及东亚的发展进行解释的学者。

他的解释就是完全靠市场，不是靠国家。但是，20世纪八九十年代一批年轻学者成长起来以后，发现事实根本不是如此，事实上国家起到了更大的作用。

对此，韩国也有人做了研究。他们认为韩国取得成就很大一个原因就是有一个强有力的国家，一个能够把政策落实的国家。这是以前麻省理工学院一个教授得出的结论。一名印度裔学者写了一本叫"*State-Directed Development*"的书，在书中他比较了韩国、巴西、印度和尼日利亚四个国家的表现情况。他认为韩国经济发展的原因其实很简单，关键因素在于韩国有一个有效的、促进经济增长的政府。最糟糕的例子是尼日利亚，政府腐败而无效。巴西和印度处于两者之间，所以其表现也处于两者之间。这位印度裔教授开始只研究这四个国家，后来他把研究扩展到 20 多个国家，并画了一条曲线，用来说明国家能力指标和经济增长指标呈正相关的关系，国家能力在他的解释里也是非常重要的一个因素。

英国著名经济学家尼古拉斯·卡尔多从 20 世纪 50 年代开始就研究发展中国家的税收状况，他得出的结论是政府提高汲取能力其实没有什么内在的障碍，不管多穷，都可以提高汲取能力。中国就做到了。新中国成立三年以后，汲取能力就上升到税收占 GDP 的 1/3。卡尔多在 1963 年时写了一篇文章叫作 "*Will Underdeveloped Countries Learn To Tax*？" 明确指出国家的汲取能力非常重要。他说没有一个欠发达国家可以在一夜之间建立高效的公务员队伍，因为他们缺乏人力资源和资金，但很多人没有认识到税收是切入点，如果他们专注于此，将会掌握其他手段。

　　所以，国家能力与经济发展水平也许并不是一个经济发展为前提、国家能力是结果的关系。恰恰相反，很可能是先要培植比较强的国家能力，后面的经济发展才会比较顺利。在有强大国家能力的基础上，改革开放才可能取得成功。

　　应该说，中国过去 70 多年取得了巨大成就是非常不容易的，因为我们的原始积累没有走西方走过的大规模殖民主义、大规模奴隶贸易的道路。但我们依然靠着自己的努力，70 多年就走到这个台阶上，我觉得是了不起的成就。中国能做到，其他的发展中国家也能做到，关键在于如何培植起自己的国家能力，这就是中国复兴的世界意义！

全球危机与中国的乡村振兴

温铁军

著名"三农"问题专家，北京大学习近平
新时代中国特色社会主义思想研究院乡村
振兴中心主任。

一、经贸摩擦背后的金融较量

大家普遍认为目前的"中国威胁论"缘于贸易，其实我们应该从更广泛的视角去解构这一现状，关注自 2008 年美国发生金融危机之后的一些变化。金融危机爆发之后，东北亚被称为"西太平洋的美元湖"。东北亚是指中国、日本、韩国，这三个国家是世界最大的美国债务国、贸易盈余地区。巨大的贸易盈余转回来去投美国国债市场，由此形成了美国国债的利息率比较低。这得益于中国、日本、韩国的巨额贸易盈余向美国长期的投资。当金融危机爆发之后，三国都意识到危机，于是出现了"东盟＋1"。因为中国的区内贸易很大，"东盟＋1"意味着我们能用自己的本币做结算。随后，韩国跟进成立"东盟＋2"，美国跟进成立"东盟＋3"，之后，当亚洲各国特别是东亚这一片工业化地区准备用自己的本币做结算，也已经开始讨论何时推出亚元时，美国开始高调返回亚太，中日之间的钓鱼岛争端、中国与东盟之间的南海争端等开始变得频繁。

亚洲本来具有区域化整合的条件，2013年，中国提出"一带一路"倡议，100多个国家纷纷与中国签订双边货币协定。然而，在这个过程中，美元作为世界结算货币的地位可能受到潜在影响。由此，贸易摩擦关注的问题不仅是贸易，真正有意义的谈判是中国在多大程度上能够配合美国继续维护美元作为世界结算货币或世界储备货币的地位。

2008年国际金融危机以后，美国连续推出三轮量化宽松政策，结果是向世界输出通货膨胀，而世界通货膨胀的发生最终会反过来引发金融资本的危机。沃勒斯坦理论提出，世界在资本主义的历史阶段中分为核心、半核心、边缘地区。在金融资本遭遇到核心地区的危机后，金融资本就会自主调整。2013年10月31日之前，以美国为首形成了西方六个核心经济体（美国、英国、日本、加拿大、欧盟、瑞士）并建立了本币之间的近乎同盟的关系，形成了金融资本的新核心。其功能是，六个国家中的任何一个国家发生流动性短缺、存在金融资本危机的时候，或爆发危机之前，所有其他核心经济体本国的流动性都会共同成为这个资金短缺国家的流动性。也就是说，经济体同盟的任何一方都不会再出现因流动性短缺而爆发的金融危机，并且利率以没发生流动性短缺的国家的利率为标准。这就意味着即使中国减少了对美国国债市场的投资，即使美国拥有的外国投资总量下降，美国还是可以依靠与六国签订的协定保证其流动性不发生短缺，维持其在国际金融资本中的主导地位。

二、金融危机下的逆周期调节

在应对复杂的国际形势上，中国已经有过一些经验。1997 年亚洲金融危机之后，我们面临着外需陡然下降的情况，当年外贸对 GDP 的贡献超过一半以上，同时，国内出现过第一次生产过剩。北京大学林毅夫教授提出，中国面临着生产与劳动力双重过剩中的恶性循环，建议借鉴罗斯福新政，如通过用国债投资新农村建设促进经济发展。在此情况下，中央紧急启动投资拉动发展的战略，对于中国在世纪之交走出一条不同于其他发展中国家、发达国家的道路有一定积极意义。

我们遭遇到的第二次生产过剩危机也是外部因素引发的，随着 2008 年国际金融危机爆发、2010 年欧债危机爆发、2011 年和 2012 年原材料生产国原材料价格下降等事件的出现，中国经济发展面临下行风险。在国际金融危机爆发之际，面对的恰恰是第二轮生产过剩。这要从中国如何变成世界工厂说起，中国从 1998 年开始大规模投资基本建设，而 1999 年中国就开始被部分西方国家视为威胁，中国经济在那时能够实现快速发展，除了自身因素，也恰逢世界经济环境的变化。2001 年，美国爆发经济危机，大量资本流出，而当时中国是发展中国家中生产要素价格最低、基础设施条件最好的国家，因此吸引了大量外资流入。尽管中国在 1998 年也遭遇严重经济危机，但是随着美国新经济泡沫的出现，2003 年中国成为外商投资第一的国家。中国有着良好的基础设施条件，外部投资可以直接进入中国并且把装备制造业搬进中国，便于就近占领中国市场并形成完整的工业体系。在此条件下，中国大力发展总部经济，经济形势逐渐好转，这就是中国经济发展的客观过程。2008 年，华尔街金融危机爆发，中国在工业化发展的高涨时期却突然遭遇全球需求的下降，导致了中国的第二轮生产过剩危机，并在 2012 年以后爆发。当经济进入衰退期的时候，是应该进行逆周期还是顺周期调节？逆周期是逆经济周期，其实它是政治经济学中的概念，体现了国家信用的重要性。例如，在这个过程中，国有银行执行国家宏观调控政策，银行的资本金 80% 以上来自国家，国家是银行第一大股东。尽管出台了《中华人民共和国企业破产法》，但有谁相信 80% 资本金来自国家的银行会破产？而非国有的中小银行很难吸存，只能做中间业务，所谓的融资乱象是在这个阶段做顺周期了。国有资本金代表着国家的长期信用，为了维持长治久安而采取国债、货币两个手段来扩张国家长期信用。国债代表的是国家政治稳定的长期信用，我们用国债搞建设，尽管负债很高，但我们的负债叫作建设性负债，负债对应的是资产。对应第一轮生产过剩，我们建设了全国高速公路网，对应第二轮生产过剩，我们建设了全国高速铁路网，这都是资产，所以叫作建设性负债，并具有积极意义。比如，中国遭遇到两次输入型经济危机和两次生产过剩，但资本主义一般内生性矛盾没有发生在中国。我们如何实现马克思主义中国化，如何能够讲好中国故事，这是我们的历史责任。

大多数顺周期的深化改革政策都在中国面对经济危机的挑战之下出问题了。随着虚拟经济泡沫化，房地产的泡沫化越来越严重，这导致地方负债和房地产捆绑在一起。我们说逆周期只有国家使用长期信用工具来增强对私有化的制度挤出才能真正实现，否则私有经济一定朝着顺周期方向发展。

三、政治权力向纸币体系赋权的中国金融体系

在金融资本的竞争中，中美两国分别代表两种不同的金融制度。我们的金融是怎么制造出来的？金融的唯一来源，是政治权力向纸币体系做赋权。只有国家政治稳定，才有对货币体系做赋权的条件。苏联解体的原因之一在于拒绝货币化，在实体经济阶段，可以直接实现实体经济收益的最大化，所以拒绝货币化。当苏联解体的时候，其采取政治改革优先的措施，而政权解体导致货币体系坍塌，外资大量进入洗劫苏联的实物资产。

中国反思了苏联解体的教训，从 1992 年开始发展期货市场、房地产市场，尽管我们经历了通货膨胀的过程，但中国货币化的速度急剧上升，因而中国有机会用实体资产尤其是资源性资产通过货币化来吸纳货币，实现了快速发展。同时，中国政治信用通过国债和货币两个手段实现扩张。中国是货币总量和工业产量第一的国家，在这种情况下中国

逐渐增加使用人民币与周边国家推进双边贸易协定，与美国的做法相同。美国是世界最大石油进口国，美国与石油输出国签订协定，使用美元进行结算，原因之一也在于美国是世界上最大的粮食生产国和出口国，美元具有稳定性。在此情况下，中国与美国在货币使用上产生了竞争。

事实上，中国的金融体系是国家使用政治权力向货币和国债进行赋权而形成的信用体系，而美国联邦储备系统是由私人银行家组成的机构，是私人银行家使用个人信用做赋权的体系，主要遵从私有资本规律，国家在其中发挥配合作用。这种情况与中国正好相反，我国建立了金融领域的委员会和中央人民银行，由国家向货币体系赋权。比如，2015年，因为深化改革带动大量资本进入，造成多空大战，我国股市陡然下跌。在此情况下，中央要求国企集中投入股市，这一举措使得很多投机资本被套牢，空头预期的下跌被截杀了，避免了股市危机的发生。这种方法也许不符合传统的市场经济原则，更不符合西方普遍的经济学教科书，但是救了中国，这就是我们的制度。如果中国想加入国际资本俱乐部，当然会有不同制度的根本性碰撞，这种不同可能会带来一定的威胁。目前，中国的四大银行全部排在世界前五大银行之列，五大银行中只有一家是美国的。需要说明的是，上述各个方面最终都导致中美双方在金融资本的制度竞争上存在对抗性。

四、迥异于殖民化大陆的中国乡村社会

理解中国的经济发展模式，需要从历史维度、国际背景比较等方面出发。第二次世界大战期间和第二次世界大战后迅速崛起的国家，基本上采取发展主义的路径实现现代化，即宗主国通过殖民扩张形成原始积累。当时，几乎所有发展中国家都以这样的现代化为目标。然而，所有沿着发展主义道路前行的发展中国家，从第二次世界大战结束到现在，很少能够实现成功发展，很少能够实现如西方宗主国一般的现代化、工业化、城市化模式。这些发展主义中存在的问题需要一个合理的解释。形成鲜明对比的是，中国成为发展中国家中工业化产品最丰富、产量最多、产业门类最齐全的国家。同时，也有很多人认为中国工业化发展超前、城市化发展滞后，但很少有人提及部分城市化超前的发展中国家深深地陷入了"城市化泥潭"和"城市化陷阱"。目前，大多数发展中国家的困境向主流发展主义理论提出了挑战，如按照发展主义理论，大家认为工业化一定会带动城市化，工业化和城市化的结合一定创造内需拉动增长等。事实上，许多发展中国家的城市化速度越快越难以进入工业化。最典型的就是已陷入严重危机的委内瑞拉，以及拉美地区的许多其他国家。

　　不同于殖民化大陆，亚洲是维持了几千年的原住民大陆，具有独特的政治、经济、社会制度等，不能简单机械地根据西方的理论、西方历史中形成的概念来分析亚洲社会。中国是一个有着长期历史延续性的乡土社会，因为男耕女织的家庭分工，客观上降低了成本，有效地配置了劳动力资源。内部化的要素配置比外部性的要素配置更为有效，家庭内部化的分工是高度有效的。如果财产占有最终体现为收益分配，家庭内部因为财产关系的同一性而分工明确却并不产生收益的倾斜。农村内部的生产生活状态叫作"百业"，而当用发展主义的制度路径去解释时，才将农业作为第一产业。在漫长的 1 万多年的农业发展过程中，农业从来不是第一产业，而是"三产"结合。农村社会因不同的生态条件而形成了不同的生活，不同的生活依存于不同的资源，对这些资源的可持续利用就是农业。因此，在国际学术界长期有定评，中国的乡村社会，因为其自身的内部化形态而实现长期可持续发展，并用最少的资源支撑了世界最大规模的人口。

中国是人口规模最大的原住民大国，在农业领域很难与殖民地大国竞争，因为殖民地大国意味着原住民人口的大规模消减。以美国为例，欧洲人大规模地消灭了原住民，当时，一个原住民的头皮价值 35 美元，一英亩土地 5 美分。这也是美国为什么有大农场，为什么美国是世界农业产量最大的国家，为什么美国平均农场规模是我国的许多倍。美国的原住民被大规模消减，最后只剩下52万人。我专门到亚利桑那州原住民保留地与他们做过长谈，他们现在仍然认为与美国有过协定，这个国家还是他们的，但对于欧洲人而言，当时占有原住民的财产是天经地义的。在美洲、澳大利亚，大农场制度基本都在外来殖民者占有资源的基础上形成，并将农业生产称为第一产业。如果我们将大农场作为中国农业现代化的发展目标，请问，我们是不是太不了解历史了？我们是原住民大国，维持着1.2万年的原住民农业，能与殖民地大国进行农业竞争吗？过去农村是典型的生态系统，1万多年生于斯长于斯。什么叫作乡村振兴？为什么它是复兴的概念？为什么一定要是乡村？十年树木，百年树人，"村"是"木""寸"两个字组成的，是要一点一滴去积累财产。乡村振兴本身就意味着我们万年农业文明的传承，中华民族上下5000多年的文明之所以没有中断，靠的是乡村。

　　片面追求农业规模化、把农民变成产业工人的政策倾向是比较教条的。韩国与日本虽然都是现代化国家，但仍然实行小农制，并在小农制的基础上增加了一个高度垄断的、"六产"融合的农业协会，以保护农民利益，防止任何竞争。农业协会是全方位垄断组织，如在日本，至今没有农村之外的企业能够进入农村参与经济竞争。日本的农村金融占全国金融的近30%，处于高度垄断状态，不允许与农村竞争。同时，国家对农业免税，产生的全部收益50%以上返还农民，尽管农业人口年龄老化，也只允许自然人进入农业。这是适合东亚农村原住民社会的农业政策。另外，宗主国跟殖民大陆一样吗？欧洲的农业政策，欧洲的绿色主义为什么兴起？因为农村基本都是原住民。这些地方不是殖民地，没有被外来殖民者占领。尽管欧洲大量向外输出人口，但农村基本上仍是原住民。因而，我们也不能照搬原殖民地大国的农业政策。

五、乡村振兴的资产货币化功能

面对国际上的挑战、国内各类现实问题，中国主要从三个方面进行发展，即"一带一路"、亚洲区域整合、乡村振兴。2005年，我国就提出了新农村建设，基本做到了在行政村一级实现"五通"：通路、通水、通气、通电、通宽带。现在，乡村振兴要在自然村一级得以实现。我们现在还有300万个自然村，这是巨大的空间。这个空间最大的好处是，当实现基本建设的完善时，自然村的资源性资产即生态资源的价值实现形式将呈现多样化的特点。小农经济通过综合性合作社、集体经济实现农业现代化，讲的就是这个道理，因为资源性资产归属村域范围内的所有村民。如何让村民富起来？只有当资源性资产变得可交易，农民才能真正得到资产收益。资产收益不是占有资产，而是占有资产交易的收益。从这个角度来说，当进一步推进乡村振兴时，只有通过"六产"融合的发展方式才能带来资源性资产的大幅增值。如果只发展第一产业，农村就只能种地。

关于乡村社会的发展，现在一直在讨论一个问题：农民为什么穷？简单的答案是农业收入上不去，而这个答案是不完整的。如果将农业局限于第一产业，农民很难增加收入。在金融资本时代，当金融资本主导经济发展的时候，完成一个金融交易仅需0.04秒，完成一次结算仅需0.6秒，都是以秒为计量单位，但农业却需要一年才能完成一个经济周期。因而，按照一般的经济规律，资金作为追求流动性的要素就会离开缺少流动性的农业。这就是明显的产业目标错位，其现状就是所有商业化的金融机构把农民的存款像水泵一样抽走。经济学是不讲道德的，如果按照教科书般的经济发展规律，是不能解决这些问题的。

怎么理解这些问题呢？农业本不是第一产业，农民也不是第一产业的生产工人。我们讲"三农"问题，农民应该摆在第一位，现在的问题是部分农民难以拥有自主的发展权，不能自主地处置与自己生活相关的周边资源性资产，这些资产要被资本处置，之后资本再将农民变成雇佣工人，所以中国"三农"问题中的核心问题是农民，怎么让农民重新获得自主发展的权利。

按照过去的思路，土地只能用于农业，不能干别的，那就没有"六产"收益，资源性资产被定为最低的价格。而当土地用于"六产"的时候，会随着不断的产业升级而出现再定价。每一次再定价都会带来再定价收益。现在已经没有多少农民愿意放弃农民身份、农民户口了。为什么？因为资产是农民的。越来越多的农民感觉身边的山水田林湖草是属于他们的资产。过去城市的房子是普通住宅楼，几千块钱1平方米。但现在，如果地铁修到楼附近就变为几万块钱1平方米。因而，只要基本建设进入农村，农村大量资源性资产就会得到增值机会，农民会成为所有者主体。让农民重新得到自主发展权利，要靠推动集体经济参股注资的合作社经济。这样就能将现在过剩的金融、产业资产与乡村社会的发展结合起来，变成一个积极的过程，不再是消极的过程。

2005年新农村建设以来，中央已向农村投资了十几万亿元，相当于两万多亿美元，这在世界上都是少见的。随着国家投资垫付机会成本，大量资本开始下乡。房地产公司大量下乡，只要有一片比较好的山水田林湖草的农村，都已经被房地产商选中了，很大程度上是因为农村的景观资源资产。只是由于土地指标的限制，房地产公司不能享有土地所有权，只能选择租赁或不平衡地去交易。随着互联网下乡、中小企业在农业生产区创业，中国进一步实现城乡融合。在乡村振兴的发展中，可逐渐实现能让中小企业在乡村创业并且形成创新空间的发展过程，创业在乡土社会中发生，企业不可能只是独占利润。同时，中小企业创业也可以分享机会成本，即已经被国家支付过的机会收益空间。这种发展将会引发中小企业转型为社会企业的新趋势。在城市，我们该采取降杠杆的策略，而在农村，可以通过集体经济的杠杆化投入在乡土社会实现经济的加杠杆，农村大量资源没有转化成资产，足以让大量资金进来加杠杆。面对经济危机，我们该怎么做逆周期？

我认为就是在农村加杠杆，集体经济就是加杠杆的空间。如何让农民成为主体？首先需要补上"短板"。当下，乡土社会最突出的发展不充分是由于长期去组织化，农民的组织、文化、社会发展不充分。近20年，我们的研究团队一直在研究如何能够帮助农民进行自我组织、自我发展、自我赋权的工作，帮助农民获取自主发展的机会。

面对国际挑战，中国要练好内功，发展乡村振兴就是中国经济与社会持续稳定发展的基础。中国在国际竞争中是否能真正立于不败之地，不仅取决于在国际上的得失，同时在很大程度上取决于国内是否稳定发展。在社会稳态和经济稳态中，经济稳态是进行大量的基本建设投资扩张实体资产，实体资产的扩张意味着对应的货币资产可以进一步扩张。只要是建设性投资，货币总量就还可以扩张，只要货币资产和实体资产都在扩张，对应的债务就是分子，它就会缩小。

因此，不要人为地去做空，而是要看有没有条件进一步扩充实体经济。中国是一个没有完成资源性资产货币化的国家，并且也没有完成企业化资产的资本化。因此，我一直不主张金融开放，希望用中国自己的货币来完成资产的货币化。目前，我国大量的资源性资产还不可交易。

例如，我到南方山区做调研，在一片红豆杉林里，我问农民一年增值多少，发现比资本市场任何投资的增值都要高得多。如果将其发展为一个基地呢？请问，资产价值是多少？是否可以交易？是否可以将多片林子的资产集合在一起然后上市呢？完全可以。在我们没有完成这些事情之前，为什么要让其他货币来货币化我们的资产呢？如果我们坚持用中国的主权货币来货币化我们的主权资产，完成货币化，那就会带来相当大的货币增量。这些增发的货币有对应的价值，价值就是我们的实体资产，它不是虚拟的。因此，中国的经济金字塔可以不断扩大，这样会使社会成为金字塔。我国农民是相对贫困而不是真实贫困，他们是有资产的，只要允许将资产变成可交易的，他们就是小有产者，这就是我们的社会基础，这个社会将是长期稳定的。同时，我国的中等收入群体正在崛起，他们将引领消费，需要将他们引导到绿色主义上。同时，引导绿色组织发展有机农业、推进生态化建设。

中国要练好内功，而抓好乡村振兴是 21 世纪中国持续稳定发展的基础，因为乡村振兴能够大量吸纳我国的主权货币，增发信用形成的增量将会被乡村振兴带动的资源转化成资产，资产的价值会实现多样性，最终和资本市场结合。大量吸纳进入金融资本、不断扩张信用资产的过程，是辅助的、能撑得住的过程，这取决于政策安排是否合理。当经济、社会的双稳态结构的目标达成，面对再严重的国际挑战，我们也是有底气的。

中国法治道路
与法治模式

——全球视野与中国经验

强世功

北京大学法学院教授、博士生导师，北京
大学法治战略研究院执行院长。

党的十八届四中全会提出建设中国特色社会主义法治体系、建设社会主义法治国家的战略目标，预示着中国法治会立足中国本土实践，走出一条不同于西方资本主义的法治道路。然而，学术界对中国法治的主流观点始终以西方的论述为标准。这就导致了中国法学理论"表述"与中国法治"实践"之间形成错位。虽然中国法治理论吸收了西方法治理论的许多有益要素，但如何从理论上准确地概括中国法治的实践，从而讲述"中国法治故事"，形成一套符合中国法治实践并能指引法治发展方向的中国法治理论话语体系，始终是中国法学理论必须面对的重要问题。要真正从理论上概括和提升中国法治实践，不仅要总结中国本土法治经验，更要具有全球视野，恰恰是在全球法治发展道路和法治发展模式的比较研究中，我们才能真正提出形成一套具有影响力的中国法治话语体系。本文正是从现代法治理论的学理出发，基于对全球视野和中国经验的把握，来探讨关于中国法治道路和法治模式的理论表述。

一、学理：重新理解"法治"概念

（一）"法治"：一元主义还是多元主义

"法治"在英文里对应"the rule of law"，这个概念关键是如何理解"法"（law）的含义。"法"（law）在拉丁文、德语、法语、英文和中文中都具有双重含义。一方面强调具有"正当""权利"的含义，另一方面强调作为具有强制力的"规则"和"标准"。前者从广义上指所有指导人类共同生活、为人的行为提供遵从的依据，从而提供稳定行为预期的形形色色的法则；后者则仅限于国家制定和认可的法，是由国家制定、认可并由国家保证实施的规范体系。在中国政治法律传统中，前者往往是指"法"，后者往往是指"律"。春秋时期法家的代表人物管仲强调"法律政令者，吏民规矩绳墨也"（《管子·七臣七主》），实际上是强调"法""律""政令"之间的并列关系。因此，在中文语境中，"律"指国家制定和颁布的律法，早期是"律、令、格、式"等形式并行，明清以后慢慢转变为律例体系；而"法"的使用则更加宽泛，如荀子强调"法者，治之端也"，老子主张"道法自然"等，都是从"正当性"的层面来使用，超越了"律""令"等国家法的范畴。因此，我们回归文字本意去理解"法治"时，必须回应一个基本问题：通常意义上的"法治"究竟是"法治"还是"律治"？从目前学术界所讨论的"法治"看，往往是在"律治"的意义上理解"法治"，从而一说到"加强法治"，就想到国家立法，想到司法改革，实际上都是在"律"的层面，也就是"国家法"（national law）的框架中打转转，其实质乃是强调"律治"，而非"法治"。那么，与之对应的"法治"究竟说的是什么呢？当然就是指向一种具有正当性的多元法治，党员服从党章就是具有正当性的，村民服从乡规民约和习惯法也是具有正当性的。这就意味着"法治"的真实含义乃是基于"法律多元主义"（legal pluralism）的立场，强调习惯法、国家法、党规党法、道德伦理、自然法等这种多元主义的法律理念共同推进的治理。在这个意义上，"法治"这个概念的英文翻译应当是"the rule of laws"，是多种法律的共同治理，而不能仅仅依赖国家法。

因此，当我们讨论法治的时候，我们应当区分两种法治观念。一种是国家法一元主义，这种观念指向的是"律治"。而真正的"法治"概念乃是多元主义的法治观。从国家法一元主义的法治观来看，党的路线、方针、政策——如《中共中央关于全面深化改革若干重大问题的决定》，因为不符合"国家颁布和制定的"法律的基本构成要件，所以自然不认为是法律，也不属于"法治"的范畴。然而，如果从多元主义的法治观来看，党的政策在中国无疑具有规范正当性，政策所发挥的效力比国家法律还要大，当然属于国家法治体系的一部分。事实上，党的十八届四中全会提出将党规党法体系纳入国家法治体系中，就是秉持一种多元主义的法治观。

由此可见，我们要理解法治，需要坚持法律多元主义的视角，而不能陷入西方实证主义法学派法治观的窠臼，将法治仅仅局限于国家正式制定的、具有韦伯所谓的形式理性特征的国家法，局限于国家法一元主义。我们必须看到，道德伦理的自然法层面、国家法层面，甚至民间习惯法层面等方方面面的多元法律渊源，相互促进，共同发挥规范行为的作用，这样一种生动活泼的多元治理局面才可以称为"法治"，而不是以"法治"之名建立一个韦伯所谓的"铁牢笼"式的律治国家。

（二）"法治"：普适的还是地方性的

尽管国家法一元主义的法治观有中国古典法家的思想渊源，但实际上是欧洲资本主义发展的产物，其中有相当强的启蒙主义的要素。在此之前，欧洲中世纪也是秉持一种多元主义法治观，基督教的永恒法、理性自然法、君主的律法、封建习惯法以及商法等共同构成法治的基础。然而，伴随着主权国家的兴起，罗马法复兴运动和法律科学的兴起，特别是在古典自然法学派中，认为法是人类理性建构起来的，因此应当是普遍性的、一般性的、永恒不变的。正是从这种理念论的角度出发，人类社会的法应当是对于普遍理念的"模仿"，严格依循理念建构出来的法应该都是一模一样的。因此，法律是可以具有普遍适用性的。所谓"良法"，也就是基于自然权利理论形成的法律体系应该是一致的，法律的移植也因而成为可能。这种法治理论以及由此构成的西方法治模式成为西方中心主义的重要组成部分。

然而，如果我们不是从启蒙主义的理念论出发，而是从唯物主义的立场或法律社会学基本观点出发，就可以认识到，法其实是人类历史的产物，是地理、经济、政治、文化的产物，地理、气候、土壤、贸易、风俗、宗教等都构成"法的精神"，不同的历史文化环境，不同的经济发展阶段，都会形成不同的法。法不是自上而下对理念的模仿，而是从社会生活中自下而上生长出来的，是一种"地方性知识"[1]。19 世纪的历史法学派、法律社会学，20 世纪的文化人类学都秉持这种观念，甚至连新自然法学说也不再强调法的永恒不变性，承认每一个国家、每一个地区、每一个时代都有自己独特的法，即法的地方性。

中国法治的构建经历了法律移植论和本土资源论两种倾向的争论[2]，这种"体""用"之争的焦虑从清末法治改革以来就一直隐含在中国的法治建设实践中，而这背后其实是唯心主义和唯物主义历史观与世界观的分野。在今天，中国要构建自己的中国特色社会主义法治体系，就意味着打破普适主义法治观，坚持唯物主义的立场，从中国自己的生活实践出发，强调法治的地方性特征，建构与我国的经济、社会、文化和历史相匹配的法治，去探究中国法治建设的本与纲。

---

[1] 梁治平：《法律的文化解释》增订本，生活·读书·新知三联书店 1994 年版，第 126 页。
[2] 何勤华：《法的移植与法的本土化》，《中国法学》2002 年第 3 期。

（三）"法治"：名词还是动词

在主流的解释中，"法治"往往被理解为一个名词，被理解为"法"拥有最高权威的统治状态，由此整个法治建设就会高度关注立法。法治也因此被构想成为一个自动运行的法律机器，法律一经制定，只要避免干预，就会自动运行，可以实现预期的治理目标。由此，"法治"往往与"人治"对立起来，"人治"被认为是对法治的破坏。这种法治观念支持了法律移植论，认为只要我们在立法时系统学习西方法律，把西方法律制度引进来，中国的法治也就建成了。

然而，"徒法不足以自行"。"法治"更应该作为一个动词。用美国法学家富勒的话来说，"法治是使人类行为服从于规则之治的事业"①。国家制定的法律仅仅是"纸面上的法"，如何让这些"纸面上的法"变成"行动／诉讼中的法"才是法治的关键。让人的行为服从于一个规则，这是一项事业，不可能一

————————————

① 〔美〕富勒：《法律的道德性》，郑戈译，商务印书馆2005年版，第124—125页。

劳永逸，正所谓法治永远在路上，永远需要人为的努力。因此，人治和法治从来不是矛盾的。西方法理学也始终强调法律职业群体的能动性，"法治"甚至被理解为"法律人之治"（the rule of lawyers）。特别是在英美普通法传统中，法官更是在法治中发挥着主导作用，以至于美国法学家德沃金主张："法院是法律帝国的首都，法官是帝国的王侯。"①

二、历史：中国法治道路的钟摆现象

清末变法以来，中国法治道路经历了一个曲折的过程。如果以多元主义法治和一元主义法治的分野去理解中国法治，会发现中国法治道路中有一个非常明显的钟摆现象。

（一）清末法律改革：一元主义法治观的开端

在中国古代的漫长历史中，"法"一直是多元主

---

① 〔美〕德沃金：《法律帝国》，李常青译，徐宗英校，中国大百科全书出版社 1996 年版，第 361 页。

义的含义，既有以"律法"为核心的刑罚体系，也有以"礼法"为核心的礼教体系，同时，宗族法、习惯法、乡规民约等都在一定程度上发挥规则治理的作用，是"礼法合一"的法律多元主义传统。清末变法伊始，由沈家本和伍廷芳主持修订法律，坚持以"会通中西"为修订法律的原则，引进了很多西方现代法治理念。在这个过程中，我们第一次学习了西方的一元主义法治观，强调以国家法为中心，构建国家法律体系，而"礼"的部分或被废除，或被吸收在国家法中。在此基础上，国民党政府颁布的《六法全书》可谓国家法一元主义的集大成者，在制定过程中大量移植了外国法典。从此，国家法、立法乃至法律移植在"法治"理论和实践中占据了核心的主导地位。国家法一元主义的法治观在中国开始形成。

（二）新中国社会主义法制传统：法律多元主义

在中国共产党领导的根据地，从一开始就秉持一种多元主义的法治理念。这种观点首先就批判从西方移植而来的法律脱离中国农村的实际，变成了一种本本主义和教条主义。在此基础上，中国共产党坚持从实际出发，发展出一套包含政治信念、路线、方针、政策、纪律、规章、法令、习惯等多元主义的法律规范。正是依赖这种法律多元主义体系，中国共产党对中国社会进行了前所未有的改造，推动中国社会从封建社会向现代社会的转型。在此期间，虽然中国共产党也颁布了与土地革命、婚姻自由等相关的条例、规则，但中国革命的核心依靠的并不是政权所颁布的法律，而是依靠意识形态宣传和政治信念的动员。这从根本上否定了启蒙思想理念的法律多元主义，法律不是对理念形式的完美模仿，而是来自群众的经验。

根据地时期中国共产党在法治上走的是群众路线，最典型的就是众所周知的"马锡五审判方式"，不强调法庭中心主义，而是深入群众，调查研究，实事求是地进行调解或审判。这显示出，当时中国共产党已经敏锐意识到，解决中国社会的治理问题不是靠法律诉讼，而是靠多元主义的解决纠纷方式，靠政策、制度以及人的因素去强化法的实施和落实。因此，新中国成立后，在法治方面首先废除了国民党政府的"旧法统"，即《六法全书》。在立法方面，仅颁布了《中国人民政治协商会议共同纲领》，发挥了临时宪法的作用，确立了政权的合法性，同时制定了其他少量的法律。而更多的政治和社会生活领域，还是靠政策、制度等多元主义的法治模式来进行调整。

（三）改革开放："接轨论"下国家法一元主义的复兴

改革开放以来，伴随着"人治"和"法治"的大讨论，历史的钟摆又转向了国家法一元主义法治观。一方面，中国法治的建设原则被确定为"有法可依，有法必依，执法必严，违法必究"，这一切都围绕国家法展开，围绕立法工作、建设中国特色社会主义法律体系展开；另一方面，伴随着中国特色社会主义市场经济的建设，在"市场经济就是法制经济"的引导下，中国开始大规模学习和借鉴西方市场经济的法律体系和法律制度，特别是在中国加入 WTO 的背景下，中国的法律体系和法律秩序必须与西方发达国家的法律体系和法律制度进行"接轨"，帮助中国市场经济融入全球市场经济体系。正是在这种国家法一元主义法治观的推动下，中国法治建设蓬勃发展，尤其是立法工作取得重大进展。2011 年，全国人大宣布中国特色社会主义法律体系已经形成。截至 2018 年，我们国家已经有法律 269 部，行政法规 680 部，地方性法规 8000 余部。经过短短几十年的努力，中国立法工作走过了西方差不多几百年的立法道路，为中国法治建设奠定了法律基础。然而，这种过度强调国家法一元论的法治观也带来诸多问题。

其一，在国家法一元论的背景下，法治仅仅强调国家宪法的权威，由此就产生将全国人大看作是"橡皮图章"的错误论调，并将"党的领导"与"依法治国"对立起来，甚至提出"党大"还是"法大"这个伪命题。党和国家的关系是什么？党的领导与依法治国的关系是什么？党章和宪法的关系是什么？这些重大理论问题成为中国法治建设必须面对的难题。

其二，在"与国际接轨"的背景下，国家法一元论往往强调学习西方的法律秩序，但忽略对中国历史文化传统的包容，以至于普遍形成国家法与民间习惯法相互矛盾和对立所产生的"秋菊的困惑"①。

其三，国家法律原本是人们行为的底线，然而由于国家法一元论的法治话语占据了道德制高点，导致"法律"标准强于甚至高于道德伦理价值，以至于国家法律以外的行为规范或准则，特别是社会主义革命以来逐渐确立的政治信念、道德伦理、风俗习惯日渐被模糊、消解、边缘化，加剧了社会的道德危机、文化危机和信任危机。② 例如，前些年见义勇为日渐成为一个难题，因为法律对于正当防卫的界限严格导致见义勇为在法律框架之内没有空间。在这种背景下，无论国家为见义勇为设置多高的奖励，都没有人愿意

---

① 关于"秋菊的困惑"引发的争论，参见苏力：《〈秋菊打官司〉案、邱氏鼠药案和言论自由》，《法学研究》1996 年第 3 期；强世功：《批判法律理论的谱系 以〈秋菊打官司〉引发的法学思考为例》，《中外法学》2019 年第 2 期。
② 强世功：《"法治中国"的道路选择——从法律帝国到多元主义法治共和国》，《文化纵横》2014 年第 4 期。

去见义勇为。直到近年随着"于欢刺死辱母者案""昆山反杀案""福建赵宇案"等一系列社会热点案件的出现，最高人民法院开始积极进行案例指导，试图平衡见义勇为、自力救济和防卫限度之间的张力，并决定从 2019 年开始修订相关的司法解释。见义勇为原本作为社会的基本道德价值追求，最终却不得不通过法律途径予以解决。这个吊诡的现象恰恰是由于国家法一元主义对道德空间的挤压。在这种背景下，每个人都不想承担社会责任，逃避法律责任，本应作为社会底线要求的法律，最后却变成了社会的主导价值观。

可见，片面强调国家法的权威地位，会导致党规党法、道德和社会习惯等其他规范面临失灵乃至停摆的风险，导致法治发展与社会失范并行的悖论，越强调法治的权威，越会导致政治权威和道德权威的丧失。同时，片面强调国家法一元论导致法院成为唯一的纠纷解决中心，各种社会规范纷纷涌入法院，法院不堪承其重，反而损害了司法的权威，并进一步将社会纠纷解决的治理问题转化为政治体制问题，依法治国与党的领导之间出现了前所未有的紧张关系。

（四）全面依法治国新时代：重返多元主义法治观

党的十八大以后，中国法治道路迎来了全面依法治国的新时代。尤其是以党的十八届四中全会为标志，法治建设着力解决改革开放以来国家法中心主义所带来的上述种种问题，在新中国成立以来开辟的多元主义法治观的基础上，全面建构中国特色社会主义法治。这尤其表现在以下三个方面。

其一，将党规党法纳入国家法治体系，从法理上解决了党的领导和依法治国的关系，党的领导不仅具有宪法上的依据，更具有党章所统率的党规党法上的依据。全国人大的"橡皮图章"问题也迎刃而解，因为全国人大作为最高国家权力机关依然要在党的领导下运行，这是由中国特色社会主义制度所决定的，由此党的领导成为中国特色社会主义法治的本质特征。党的十九大以后，全国人大修改宪法，把党的领导直接写进宪法第一条的正式条文里，以国家根本法的方式理顺二者的关系。

其二，明确了法治建设必须坚持多元主义的法治观。纵观党的十八届四中全会的决定，其中不仅明确了党规党法体系和国家法律体系的相互衔接的二元体系，而且还强调"市民公约、乡规民约、行业规章、团体章程、礼序家规"等社会规范与"社会公德、职业道德、家庭美德、个人品德"等道德规范相互衔接。可以说中国法治形成了党规体系、国法体系、社会规范体系、公民道德体系相互配合的多元主义法治格局。

其三，形成"以德治国"与"依法治国"相统一的治理观，打破长期以来"德治"（"人治"）与"法治"、中国古典传统与现代法治建设、道德建设与法治建设相互割裂甚至对立的旧法治观念。在此基础上，中央进一步作出将社会主义核心价值观融入法治建设的决定，重新将政治上的理想信念、文化价值观念和社会道德伦理置于法律之上，法律成为执行政治任务和道德要求的社会治理工具。

三、未来道路：重建中华法系，探索法治模式

（一）中国法治道路：融合三大传统，重建中华法系

当代中国法治在复杂的历史演变中经历了复杂的嬗变过程，构成了三种法治传统耦合的复杂体系。

其一，中国古典的礼法传统。从商周时期经过春秋战国时期到秦汉时期，形成了中国文明所建构的天下大一统秩序，在经历佛教和异族统治的影响后，逐渐形成了儒释道互补的格局，共同奠定了古典中国文明秩序的核心价值。而这些核心价值贯穿于儒家的礼制体系和法家的法律体系中，从而形成了德主刑辅、礼法互补、道德与法律相互交织、成文法与判例法并重的中华法系传统。这种礼法传统尤其强调道德教化、风俗习惯对于法治秩序的塑造作用，强调领导集体的道德信念、人格楷模对于法治秩序的推动作用。

其二，西方现代强调国家法一元论的法治传统。自清末法治改革废除了中国古典法律秩序后，从清末到国民党政府，在法律秩序的构建上一直都注重吸收和移植西方现代国家法主导的法律体系，从而形成中国古典礼法秩序的断裂。改革开放以来的法治体系建设又开始全面重新借鉴国家法一元论的西方法治传统，强调国家立法的主导性、法律规则的内在逻辑性、法律专业集团的自主性和法院审判的独立性和权威性。

其三，新中国成立以来创建的社会主义政法传统。这一传统源于强调政治原则高于法律，法律服务于政治目标，服务于共产主义、集体主义的核心价值观；强调党对法治建设的领导作用；强调政策对于法律实施的重要性；强调法的原则性和灵活性的统一；强调人民群众广泛参与和法律专业化运作的统一；强调司法的法律效果和社会效果的统一。

党的十八届四中全会所确立的中国法治发展道路实际上就是在融合三种传统的基础上，基于党规和国法的多元主义法治理念来重建中华法系。其中，

"坚持依法治国和以德治国相结合"的法治基本原则就是吸收中国古代礼法传统的有益要素；强调"公正是法治的生命线"，并按照法律理性化和程序化的内在逻辑来合理配置司法权，无疑是对西方现代法治传统的积极吸收；强调"法律的权威源自人民的内心拥护和真诚信仰"，强调"党的领导"与"依法治国"相统一，并将"党的领导"看作中国特色社会主义法治的本质特征，坚持人民群众在立法、执法、司法和守法各个环节中的积极参与，则是对社会主义政法传统的发扬光大。

（二）全球法治模式的发展：从"旧法治"到"新法治"

要理解中国法治未来的发展模式，必须区分现代法治发展所形成的三种不同模式。

其一，大陆法系国家立法主导的立法法治国，即由立法机构主导开展法典化的德法模式。中国清末法治改革以来，一直积极学习大陆法系的模式，强调系统化的法典的重要性。改革开放以来的法制建设传统，也是在大陆法系的框架下开展的，特别是民法和刑法等部门法，一直倾向于采用欧洲的法律教义学。

其二，普通法系国家法院主导的司法法治国，即由法官造法的判例法起主导作用，法院甚至行使司法审查的英美模式。中国改革开放 40 多年来，司法系统对于普通法系的法治传统也有吸收，在诉讼法的一些基本原则、模式和案例指导制度等方面，都有普通法系的影子。而在公司法、金融法和知识产权等领域，也更多吸收普通法的法治成果。

其三，20 世纪兴起的行政机关日益扩张形成的法治新模式，凸显行政机构通过行政规章和公共政策来治理国家的行政法治国。20 世纪以来，无论是使用大陆法系的欧洲，还是使用普通法系的英美，议会通过的法律或判例法在社会治理中发挥的作用开始下降，国家治理依靠大规模的行政规章和公共政策。新中国成立以来，中国的国家治理始终以党和国家的政策为主，自 20 世纪 90 年代以来，通过授权立法的模式制定了大量行政规章，以至于在国家法律体系中，行政规章的数量大大超过国家立法的数量。

在这三种不同的模式中，无论是立法法治国，还是司法法治国，都属于 18 世纪的"旧法治"，这两种法治模式经济上建立在自由资本主义的基础上，政治上建立在严格三权分立的基础上，行政权仅仅属于"执法权"。然而，随着 20 世纪西方在经济上进入福利国家时代，在政治上政党政治开始兴起，新兴的行政法治国模式开始取代传统的立法法治国或司法法治国模式。一方面，政党政治兴起将传统的三权分立变成"政党—政府"或"政治—行政"的两权分立，即政治决策权掌握在政党手里，政党通过控制议会将政党的意志变成法律并颁布，行政机关和法院都是执行政党意志的工具；另一方面，随着社会治理事务的日益庞杂和精细化，议会立法已不能对复杂的社会关系进行精确调控，事实上行政机关通过制定大量的行政规章和规则来实现社会治理。行政机关不仅仅是一个执行机构，还变成了立法机关，拥有实质上的决策权、立法权，行政法治国由此成为 20 世纪以来国家现代化建设中普遍采取的法治模式。可见，20 世纪"新法治"就在于政党政治渗透法治所有环节中，治理社会的重任从传统立法机构和司法机关让位于越来越庞大的政党组织和行政官僚队伍，所以"行政规章"和"公共政策"取代了传统的"法律"。①

（三）"政党法治国"：法治的中国方案

面对 18 世纪"旧法治"和 20 世纪"新法治"的分野，中国法治模式的建构必须面对一个根本问题：我们是建设一个三权分立的旧法治，还是基于政党政治和行政官僚及公共政策主导的新法治？严格来讲，清末法治改革以来，包括国民党政权在内，试图追求的法治都是 18 世纪的旧法治，即立法主导制定法律，在三权分立或五权分立的机制下实现社会治理。

然而，新中国成立以后，在中国共产党的领导

---

① 强世功：《从行政法治国到政党法治国——党法和国法关系的法理学思考》，《中国法律评论》2016 年第 3 期。

下，中国的法治发展模式已经走向了政党主导的新法治，我们正在立足中国大地，建设一种政党主导的新型法治模式。特别是党的十八届四中全会决定进一步推动建构了"党的领导""人民当家作主"和"依法治国"的有机一体关系，在吸收、融合中国古典传统、西方法治传统和社会主义政法传统的基础上，构建了多元一体的"政党法治国"模式。党的十九届四中全会决定也进一步指出，"坚持党的领导、人民当家作主、依法治国有机统一"。

其一，政党法治国之所以区别于行政法治国就在于中国的社会制度和政党体制与西方的社会制度和政党体制根本不同。在西方资本主义制度下，政党类似于公司，仅仅承担选举任务，一旦选举结束，政党就进入国家机器中，尤其是利用行政规章和公共政策来治理国家，从而形成行政法治国。在中国社会主义制度下，中国共产党是一个先锋队政党，负有领导国家、治理社会并最终实现共产主义的历史责任。中国共产党必须承担起建设社会主义法治国家的重任。

其二，中国共产党在中国特色社会主义法治建设中发挥着核心领导的作用，中国特色社会主义法治最本质的特征就是中国共产党的领导。中国共产党是通过政策来确立法治发展的目标、方向，建构法治运行的国家机器，还为法治的实施提供制度、人才、知识等方面的保障，从而建构一套完整的社会主义法治体系。

其三，中国共产党通过自己的政治理念、纪律伦理、路线、方针和政策，确立了一套类似于"高级法"的、对党员干部提出的高于国家法律的政治、道德和伦理标准，从而使党员干部成为护法、守法、推动法治建设的模范。

总而言之，在中华民族5000多年文明的历史长河中，中国法治的传统始终是多元的、动态的，且服务于人民大众的精英集团始终在国家法治中发挥主导作用。古代就是在儒家精英集团主导下形成了礼法传统，现代则是在中国共产党的领导下形成了政法传统。以全球视野的眼光来观察法治传统的发展，西方法治也从大陆法系和普通法系的"旧法治"

模式日益转向行政法治国的"新法治"模式。而中国的法治建设也在探索将党的领导、人民当家作主和依法治国有机统一起来的"政党法治国"模式，这无疑可以看作法治现代化进程中的"中国法治方案"。

马克思主义
与中国道路

潘　维

北京大学习近平新时代中国特色社会主义
思想研究院全球事务研究中心主任，北京
大学国际关系学院教授、博士生导师。

一、马克思主义的永恒真理性
与历史实践性

马克思主义具有永恒真理性，也具有历史实践性。我们要不断推进马克思主义中国化，我们不是原教旨主义者，不是教条主义者。

马克思对第二产业时代资本主义的批判值得我们仔细研究。第二产业取代第一产业在国民经济中的主导地位是从英国开始的，英国的工业革命始于18世纪并贯穿了18世纪；欧洲的工业革命始于19世纪并贯穿了19世纪。马克思撰写《共产党宣言》的时候是19世纪中期，他目睹了欧洲工业革命的开展，同时也目睹了制造业的蓬勃兴起，于是对那个时代的资本主义进行了批判。众所周知，马克思提出了一个著名的命题，就是生产资料的占有，并在撰写《资本论》的时候提出了剩余价值的概念。

其中有一点值得反思：为什么说所有商品都是等价交换，只有劳动力的交换是不等价的？为什么所有商品交换都是公平的，只有劳动力的交换是不公平的？针对这一问题，马克思起初并未给出明确且令人信服的说法，仅仅使用了买方市场的解释，即劳动力市场供给过剩导致劳动力贬值。

后来马克思意识到这个问题，他进一步发展了他的理论，说买方市场会终结，工人的劳动力的价格会提高——这一判断对于马克思所处的时代而言无疑是"天才的预见"。另外，马克思还给出了除买方市场外的第二个解释，他提出，是资产阶级专政，也就是资产阶级利用国家机器压迫工人，迫使其接受不平等交换。也正是由于工人没有得到他应得的那么多，剩余价值被资本家占有了，所以资本家越来越富，工人越来越穷。但是，这种解释也不能完全令人信服，因为我们看到有的时候政府是相当支持工人提高劳动价格的，还设立最低工资标准，提供社会福利。这些现象都不支持资本家利用国家机器压迫工人获得剩余价值的论述。

于是马克思在之后又给出了一个更有说服力的说法，得到广泛的接受和认同，就是"相对贫困化"理论。他认为资本家依靠国家机器压榨工人，或者工人劳动力供给过量而导致工人贫困可以称为"绝对贫困化"。但相对的贫困化与此不同，马克思在《工资劳动与资本》这部著作的开篇即提出：你知道为什么人们会感觉越来越穷吗？不是因为他们真的越来越穷，而是因为别人越来越富，进而产生了一种相对被剥夺感。他将基于对比而产生的贫困感称为"相对贫困化"。

"相对贫困化"的理论似乎是一种心理上的解释。但是它引出了马克思理论中的一个重要概念：阶级斗争，以及两大阶级划分、无产阶级专政这样的说法。他预言在资本主义社会里面，阶级斗争空前激烈，社会将会分化为两大阶级，一个叫无产阶级，一个叫资产阶级。如果我们实行无产阶级专政，教育工人相信社会主义不再相信私有制，那么我们就有可能迅速地实现社会主义、共产主义。

马克思对资本主义进行了深入批判，并对解决人类根本问题提供了一种社会主义方案。什么叫人类根本问题呢？马克思认为是人类对物质丰富的需求与生产的短缺之间的根本矛盾。人类生产跟不上人类的需求，所以人们要不断生产、不断创造、创新技术，使生活更舒适、更方便。这一点容易理解。而马克思的贡献在于，基于阶级、阶级斗争等概念对于短缺问题的论述。他敏锐地发现，在资本主义社会，随着制造业逐渐取代第一产业且处于国民经济的主导地位，物质产品极大丰富，越来越多地满足了人们的生活需要。但是，人们的短缺感并没有因此而减弱，反而空前强烈。为什么物质越丰富，我们的短缺感越强烈呢？他得出的结论是，在资本主义时代，人类的根本矛盾不是物质需求无法得到满足，而是公平分配无法得到实现，导致最后得不到平等的分配结果。所以人类的根本问题随着工业革命发生而改变，由短缺变成了不平等。那么要想解决不平等的问题，就要消灭私有制，包括消灭以私有制为基础的家庭，消灭一切统治者意识形态，消灭宗教、法律、国家机器等。

从某种意义上讲，马克思的这个方案是对人类根本问题的终极解决方案，改变了当前社会默认的一切基本法则，成为一种永恒。因为在任何可以预见的未来似乎都难以消灭私有制，消灭家庭、意识形态、宗教、国家等。所以，马克思就变成永恒的思想家了。

我们进而会问，如果把马克思的方案直接落地行不行？直接把他的思想转变成政策行不行？这就变成了当时很多人所要面对的问题。时至今日，我们已经看到了这个方案的局限性。这意味着，马克思的思想的永恒性及其作为实际操作的政策的局限性之间出现了矛盾。

那么，今天我们为什么说马克思的思想依然是指导我们的马克思主义呢？我想这恐怕是一个需要用历史唯物主义解释的问题。后人对马克思历史唯物主义进行了阶段划分：既然说人类最终要走向社会主义、共产主义，那么就可以把人类社会发展划分为原始社会、奴隶社会、封建社会、资本主义社会，经过社会主义社会的过渡而达到共产主义社会的"五种社会形态"。在今天看来，这五大阶段的划分存在一定的问题。比如说奴隶制社会，在欧洲曾实行非常典型的奴隶制度。但是我跟随考古学家去拉丁美洲考察，无论是南美的考古学家，还是欧洲的考古学家，抑或我们中国的考古学家，大家一致认为，无论是 2000 年前的南美洲印第安人的历史，还是一两万年前美洲人的历史，在西班牙人抵达美洲大陆之前没有任何证据证明他们实行的是奴隶制。反观中国，虽然奴隶制曾长期存在，但是奴隶制作为一种以奴隶为主要劳动力的基本社会制度，在中国是否存在过仍然存疑。或许找到奴隶的证据不难，但找到实行奴隶制的证据很难。所以，我们会去质疑类似"宿命论"的这种历史阶段划分。

二、思想路线、政治路线和组织路线

很多人主张制度是良治善政的基础和前提，进而提出"改变了制度就改变了所有、有了好制度就有了一切"的观点。这是西方人讲给我们听的故事。针对这种情况我想说一点，北大的第一任校长是严复，他在《宪法大义》中提出：制无美恶，期于适时；变无迟速，要在当可。如果把制度当作政治结果的唯一重要原因，拒绝探究制度的社会起源和条件，就会产生制度迷信。是否迷信制度便体现出历史唯心主义和历史唯物主义的区别，前者认为政治体制决定生产和生活方式的演化，后者认为生产和生活方式决定政治体制的演化，两者是完全相反的因果逻辑。在这一点上，我尤其是马克思主义的坚定拥护者。原因在于，制度不是"永动机"——如果仅通过制定制度就可以高枕无忧，复杂的问题就自动得到解决，制度岂不就相当于变成"永动机"了吗？制度不能自动保障国家的兴旺。所以，政权长寿是科学的说法，但是政权长生不老则是迷信的说法，只要是人领导的国家就不可能逃脱"由俭入奢易，由奢入俭难"的规律，所以由人领导的政权就必有兴衰循环。连宇宙都不可能永远，何况人？何况由人制定、由人执行的制度？所以，大家应转变一个基本观念：活人很容易绕过死制度，人心坏了，什么制度都不顶用。

另外，制度决定论往往能够掩盖政策的失误，政策错了就归咎于制度不好是不对的。难道好的制度下就不会犯错，就不会出事吗？也会。所以，从比较的眼光来看这个世界是很重要的。那么，治国不能仅靠死制度，应该靠什么？我认为应该靠四条：第一，出色的大政方针；第二，统一的思想路线；第三，明确的政治路线；第四，严谨的组织路线。或者更简单地说，可以归纳成两条：第一，出色的思想；第二，出色的干部路线。这一点我们深有感触：从中国共产党的革命时代一直到改革开放时代，思想路线变了，组织路线也就跟着变。

政府的体制是一个权力体制，权力是对别人的支配，它基于四个要素：暴力、财富、人格、观念。在全世界范围内，支配别人靠什么？第一种，拿枪逼着你做你就做了，这就是暴力。第二种，拿钱收买你做你就做了，这就是财富。第三种是人格，就是令人心甘情愿被支配的魅力。第四种是观念，一种应该做什么、不应该做什么的意识。

与这四种权力相对应，政府治理社会的方式也可以划分为四种。第一，执法，以暴力为基础的执法来维持社会的基本秩序。第二，通过代表强大社会集团的利益来稳定社会大局，谁强大代表谁，强大的肯定是多数。第三，通过领导人对社会整体的责任感来平衡利益，包括部分与整体的利益、眼下和将来的利益、变还是不变的利益等。第四，通过宣扬社会的核心价值观来凝聚财富、地位相异的阶层，把社会成员的观念统一于一体。

总而言之，制度很重要，但不是绝对意义上的决定性因素。实际上，制度的好与坏是相对的，好制度也不一定保证政权的长久。

美国的宪法制度是精心设计的，从立国以来就被很多人视作典范，但是美国立宪80年后，在1860—1864年打了一场内战。或许有人说美国内战没有多大规模，但是如果按死亡人口占总人口的比例计算，19世纪死亡率最高的就是美国内战。所以说制度不能决定一切，况且今天美国也在衰落，这是不争的事实。中国也有好制度，如秦朝的郡县制，它规定各地的地方官、郡县官员皆由中央委任，不可世袭。郡县制在全国实行，理论上可以有效保障中央大一统政权，但它无法保证秦朝"至万世"。隋朝的科举制也被认为是好制度，它给了寒门子弟当官的机会，打开了跨越阶级的纵向流动通道。但是科举制也无法为隋朝"续命"。民国时期设计了一套宪政制度，明确规定政府能做什么，不能做什么，哪个机构做什么，哪个机构做另外一些事，并且实施分权制衡。这个制度被认为是好制度，但是它同样不是万能的。

因此，好制度不一定能保证政权的长寿，能够保证政权长寿的是之前提到的四点：出色的大政方针、统一的思想路线、明确的政治路线和严谨的组织路线。

三、对"社稷民本体制"的传承与超越

我们的制度主要包括社会组织体制、政治组织体制和经济组织体制。中华民族的体制可称为"社稷民本体制"，"社稷民本体制"对应的是西方的自由民主体制，其中自由讲的是社会条件，民主说的是政治体制。我说的社稷是社会体制，民本是政府体制。那么两者的区别是什么？由于社会是政治的基础，所以首先谈一谈社会，也就是社稷。社会为何被称为"社稷"？因为组成社会的基本单位是家庭而不是个人。我们的社会组织方式是血缘社区而不是阶级组织，在一个自然村里生活的都是一家人，或者都有血亲关系，大家互助自治，这就是儒家所谓的小康社会。血缘社区不同于阶级社区，不分上、中、下阶级。社会的纽带是什么？在西方是法律，神与人之间的关系构成了法律的尊崇地位。所以，法律一开始叫神圣法，然后叫自然法，也就是自然规律，暗含的意思是神定的法律与自然的规律都是不可更改的。而在中国是家庭伦理。社会跟政府是什么关系呢？是相互嵌入的关系。所谓嵌入，指的是两者之间界限不清，你中有我，我中有你，政府和社会不是两分的，这与西方国家明显不同。在这样的基础上，形成了民本政治。什么是民本政治？它指的是由于社会不分阶级，执政者变成了一个专业的执政集团，是由科举考试选拔出来的，而不是作为利益集团的代表推选出来的。民本政治不是代表政治，并非一个政党代表一个社会的阶级或阶层。

在思想上，无论官民都信奉民本主义。什么叫民本主义？民本就是以民为本，它所蕴含的意思就是政府为何而存在，应该是为了全体百姓的福祉。同理，政府为什么会更替？因为得民心者得天心，失民心者失天下，这就是一套民本的法律系统。组织上我们采用的是考绩制，但并没有严格执行。而有原则的考绩制和没原则的考绩制是不一样的，原则的存在与否极其重要。最后一点，西方是政党代表制，各个阶级与代表各个阶级利益的政党相对应，各个政党之间分权制衡。中国没有那么多执政党，所以就按职能分工。

这样一套具有中华民族特色的体制，在 2000 多年来一脉相承，没有重大变化。例如，中国共产党强调的为人民服务，代表最广大人民的根本利益，其实就是对民本主义的传承和超越，其组织原则仍然是采取考绩制。

当然，中华民族的"社稷民本体制"只是作为一种基本制度反复出现在我们这块土地上，在治国理政中发挥实际作用的机制是实事求是，是政绩竞争。领导都是考绩制"考"出来的，在自己职责范围内做出成绩，从与别人的竞争中胜出，就能获得提拔。这个制度中蕴含着一种"有容乃大"的包容。这也是为什么我们能够形成大一统的政权，这一点非常重要。欧洲人过去觉得欧洲是世界文明的中心得益于"小国寡民"，但现在也在追求自己的"大一统"（欧盟）。第二次世界大战以后的强国都是大国，但欧洲（不包括苏联／俄罗斯）一个人口上亿的国家都没有。所以，他们希望团结在一起，追求一个"大一统"的联盟。

那么，中国为何可以在思想上、组织上实现一统，化解南北差异、东西差异，进而在人口和国土面积上实现"大"？原因在于四个字——"有容乃大"。因为包容了不同，所以可以实现广大和强大。"一国两制"是邓小平的伟大构想，但实际上它也是一种思想传承，"一国多制"在中国历史上屡见不鲜。有容乃大同时意味着宽容，一旦遇到矛盾和分歧，我们的政治不是"数人头"，也不是"砍人头"，而是"商量的政治"。我认为，商量的核心在于凝聚人心。所以中国的大一统关键在"大"，而"大"的关键是因为有"容"，有容乃大。

此外，中国基层政权的哲学叫作"以小为大，以下为上"。俗语说"人往高处走，水往低处流"，但是老子说"上善若水"，执政者要往下走，深入群众、"接地气"，才叫"上善若水"。中国共产党就是靠"往下走"获得了基层动员能力。所以，中国革命主要靠什么？第一，统一战线；第二，党的建设；第三，武装斗争。到了今天，人民的美好生活是在其居住的社区里面实现的。如果党组织在社区缺位，在村里缺位，那么其他力量可能就补上去了。所以，我们不能在一个社区里丢掉治国理政的权力。

以上就是治国理政的两个关键机制：第一，有容乃大；第二，以小为大，以下为上。

四、中国特色现代化之路

"社稷民本体制"带有中国传统的烙印且延续至

今，同时，我们在借鉴外国、反复比较、不断探索中走向了现代中国。

现代化指的是什么？主要是生活方式的转变，也就是第二产业对第一产业的替代。第一产业与第二产业的重大区别在于财富的巨量增长。反观欧洲的现代化过程，欧洲在过去由宗教统治，依靠习惯法来治理，基于血缘的、地域的经验。然后推行了市场化，市场化以后就有了理性，精确计算成本和收益。精确计算成本和收益的市场理性衍生出欺诈行为，为了惩罚欺诈行为就制定并执行法律，于是产生了法制。法制化、官僚制导致公务员的去人格化和官员的傲慢，因此就促进了政治市场化、理性化，拍卖政权，出价高者得之。例如，为了争取农民的选票，张三可能承诺给农民发放养老金，李四可能承诺给农民全额医疗保险。通过市场化的选举，争取大多数人的支持。西方称拍卖政权（政治市场化）为民主化。所以，西方的现代化就是去宗教化、理性化、法制化、民主化，这是欧洲人的经验。

而马克思认为，西方现代化的本质就是资本主义剥削工人。列宁提出，世界资本主义体系压迫那些被压迫民族，所以只要搞资本主义，被压迫的人就没希望。马克思说全世界无产者联合起来，列宁说全世界无产者和被压迫民族都联合起来，这就形成了另外一套体系。

苏联是第一个把马克思的思想落地付诸实践的国家。它作为全世界国土面积最大的国家，以及拥有近 3 亿国民的人口大国，进行了消灭阶级的尝试，建立了苏维埃制度。在苏维埃制度下，执政党不是代表各个阶级的，因为社会已经不存在阶级了。它负责的是管理所有生产资料，以及计划所有生产资料甚至分配生活资料。这么一来，所有人都享受了相同的福利，享受从出生一直到坟墓的福利。这对于资本主义国家的人民而言既新鲜又吸引人：个人的事、家庭的事，国家全负责，既没有失业也没有乞丐，大家都平等，从生产资料的数量到生活资料的数量都一致。苏联共产党一方面在思想上灌输大家要相信公有制，另一方面又在现实当中给了大家福利，所以一度赢得了人民的信任。

但是久而久之就暴露出问题，因为这个制度遏制了个性：有人想要自由，想当个体户，有人想通过个人奋斗出人头地——这种机会在这种制度下是没有的。所以，苏联走到失去民心的地步时才意识到，生活资料的生产没法计划，因为生活资料的需求是生产者创造出来的，而生产者有这种积极性去创造对于生活资料的需求。

然后，我们看到关于现代化道路的持续争论。从晚清到民国，很多人都在思考，中国应该走什么样的现代化道路。我们一开始强调"中学为体，西学为用"，强调我们的制度优越，比别人的制度强。而我们技术不强、枪炮不行，西方技术好、枪炮强，所以拿钱买技术，学习技术就可以了，但是这种路线失败了。接着有人提出，我们积贫积弱是因为教育不行，光靠买技术、学技术不行，必须得自己懂科技、自己造设备。于是有了教育救国的路线，但是也失败了。然后又有人提出，我们是语言文字不行，语言文字决定了思维方式，我们使用最古老的象形文字，而西方使用现代文字，所以我们应该走向拼音化。同样作为现代化进程一部分的还包括鲁迅对国民性的批判，柏杨提出的"酱缸文化"，认为中国人具有劣根性。

在无数次"试错"之后，中国共产党开启了革命，这同时也是马克思主义中国化的过程。在共产党成立之初，我们计划照搬苏俄模式，也要搞阶级斗争，认为搞阶级斗争才是共产主义。但是秋收起义后，毛泽东通过实践逐渐加深对马克思主义的理解。根据之前对于中国社会的考察（《湖南农民运动考察报告》《中国社会各阶级分析》等），毛泽东发现马克思主义的理论框架并不完全适用于中国。

例如，马克思将社会划分为两个阶级，资产阶级和无产阶级。但毛泽东认为中国至少得分 10 个阶级才符合实际。后来到了延安时期，毛泽东将阶级分析改成阶层分析，认为阶级没那么多，但是阶层存在很多，又按照立场对阶层进行了重新划分。之后他得出很重要的概念：民族资产阶级和官僚买办阶级。例如，陈嘉庚——抗战时期的华人世界首富之一，他显然属于买办阶级。上海纺织业的荣家也属于买办阶级——从外国人那里进口机器，进口原材料，然后加工出产品卖给中国市场。但因为他跟着共产党走，坚持共产主义立场，所以就被划分为民族资产阶级。这种不使用生产资料而使用政治立场划分阶层的方法，就是中国共产党人的发明，就是马克思主义中国化。

生产资料所有制在中国也发生了变化。在西方2000多年来一直存在上、中、下阶级，甚至有习惯法和成文法来规定阶级的特权和利益，但中国没有。现在进入第三产业时代，中国模糊的阶级划分反而成为一种优势，无论是组织程度低，还是阶级划分不清晰，都更适用于第三产业占主导地位的社会。所以，中国共产党通过马克思主义中国化，而并非对马克思的思想和理论的教条执行取得成功。相反，教条主义、原教旨主义则纷纷失败。马克思提出，资本主义成熟之后才会发生革命，社会形成两个阶级对立的时候才可能发生革命，制造业占经济主导地位的时候才可能发生革命。但是中国革命发生时，第一，制造业不发达；第二，资产阶级与工人阶级规模很小，甚至连上海都没有多少工人；第三，离资本主义成熟还差得远。中国革命依靠的是农民，打土豪分田地，这既不是马克思主义方案也不是列宁主义方案，而是穷人反对帝国主义的方案：帝国主义、封建主义、官僚资本主义"三座大山"逼着农民发动起义。同时，仅依靠贫苦农民也不行，还得统一战线，把有知识、有学问、有钱的人联合起来。所以，中国共产党取得革命胜利以后，分了"半壁江山"给民主党派。因为他们贡献大。中国共产党仅仅依靠穷苦农民和数量不多的工人无法形成牢固的执政基础，必须联合执政。

除了依靠统一战线，我们还接受了列宁的思想：组织一个坚强的共产党，执行严格的纪律。依靠严明的纪律和强有力的组织，中国共产党可以发动武装斗争，可以对基层进行动员，实现"以小为大，以下为上"。接下来我们经历了社会主义革命。在社会主义革命期间国际环境发生了巨大变化，变化在哪儿？在于苏联对华态度的转变：苏联在当时如日中天，但是我们逐渐感到苏联开始欺负我们了。然后，我们期望变成一个社会主义国家——跟苏联一样强大的社会主义国家。同样推行了土地改革，搞公私合营、人民公社，发展国营经济等。但是，做完之后我们发现这条路似乎行不通，苏联可以把阶级都消灭，把所有制都消灭，但是我们消灭不了，我们国家没办法把所有的事都管起来，没有能力都搞计划。既没那么有钱，也没那么多资源。我们与苏联的基础条件有很大差距。但这种差距同时也使得我们改革实行得很容易，"船小好掉头"，一下子就改了。另外，没有变成苏联也让我们的开放变得容易。

在这里需要纠正一个说法，与开放相对的是封闭，我们过去封闭并非主动封闭，而是别人封锁我们。在计划经济时期邓小平就已经开始强调开放。例如，中苏关系良好的时候，我们就向苏联开放，向苏联学习先进技术、派遣留学生。之后就是改革开放的 40 多年，也是中国融入世界体系的 40 多年。融入世界体系的首个标志就是我国的农民从土地上解放出来，开始做各种各样的生意，出现了著名的"万元户"。再之后制造业兴旺，又开始向服务业转型。在感受到来自美国的压力之后，我们开始向技术强国的方向努力。

几十年走过来，我们看见市场化的成就，尤其是最近 20 年，或者是最近 25 年，中国经历了一个经济高速增长的过程。所以，中华人民共和国走到今天，70 多年来，走过的路从来都不平坦，可以说年年都有障碍，代代都有困难。到改革开放 30 年的时候，我们仍有很多问题没有解决，包括贫富差距、城乡差距、地域差距，在解决这些问题上我们付出了巨大的努力。过往 10 年几乎使用了国家财政的一半做转移支付——这是世界历史上最大规模的财富转移，从富裕地区向贫困地区的财富转移。将 10 年财政收入的一半用在转移支付上，难道不是社会主义？这期间，政府资助建造农村新村，进行城市危旧房改造，建设了 5000 万套新房，按每套房子住 3 人算，解决了 1.5 亿贫困人口的住房问题，这相当于美国人口的一半，让穷人住上新房子，难道不是社会主义？在那 10 年间，政府将全国人民纳入医疗保险，包括农村。这件事有 10 亿人口的发达国家做到了吗？有 3 亿多人口的美国都没做到。当然现在我们的医保水平还很低，但是真正做到了。所以说，中国是实打实的社会主义国家。

党的十九大报告提出，我们目前面临两个基本矛盾，其中一个是我们的发展不充分。什么叫发展不充分呢？简单地说就是我们还不是很富裕。另一个就是发展不平衡的问题。有人富裕，有人贫穷；有人走在前面，有人落在后头。

在这种情况下就会有人反思，对接下来要走的路产生彷徨：觉得美国那样走得快，觉得日本走得似乎更稳一点，还觉得北欧国家走的路也令人羡慕。另外还得考虑，经济生活可以市场化，社会可以市场化吗？如果全面市场化之后会发生什么？经验告诉我们，普通的欠发达国家全都是全面市场化，所以如果全面市场化，我们就可能走上了一条通往普通欠发达国家的道路。我们之前走过的那条路就都被否定了。因此，我们应该实事求是，稳中求变。但是随着反腐败力度加强，政策上准备有所变化的时候，又发现我们遇到了新问题：有些干部不作为、缺担当。解决这个问题的方法是什么？回到我们之前"以小为大，以下为上"的策略，从基层开始，获得人民的支持——这可能才是一条特别正确的道路。

　　总之，新中国走过的现代化道路不平坦，我们走的既不是欧洲人走过的路，也不是日本人走过的路，更不是美国人走过的路，而是中国特色社会主义道路。如此大体量的一个国家由积贫积弱走向强盛，走向进步，走向世界高峰，这件事没有先例。所以说，前边根本就没路，路是我们自己一点一点走出来的。只有一点是历史能够告诉我们的，那就是要相信群众，相信党，没有共产党是不行的，没有人民群众是不行的，这也是毛泽东探索和传授给我们的智慧，这是两条根本的原理。除此之外，信仰社会主义，继续走社会福利均等化的道路，就会继续得到人民群众的支持。所以，研究习近平新时代中国特色社会主义思想，最重要的一点是研究以人民为中心的发展思想。

关于文化自信

韩毓海

北京大学习近平新时代中国特色社会主义思想研究院副院长，北京大学中国语言文学系教授、博士生导师。

习近平总书记指出："文化是一个国家、一个民族的灵魂。""文化自信，是更基础、更广泛、更深厚的自信，是更基本、更深沉、更持久的力量。"①

我们探索的是中国特色社会主义道路，在世界上找不到范本和摹本，从中华民族伟大复兴的视野出发，面对世界百年未有之大变局，首先就要立定根本，而离开了中国特色这个根本，离开了中国的土壤，离开了中国人民的要求、中国人民的实践，离开了我们自己要解决的问题，离开了中华文明的底蕴，去照抄照搬别人的东西，就会犯历史性的错误。

为什么说文化自信是最根本的自信？因为文化

① 习近平：《在中国文联十大、中国作协九大开幕式上的讲话》，《人民日报》2016 年 12 月 1 日。

自信最直接地昭示着、标志着"中国特色"，它指向的是我们中国人的价值观、世界观，是中国道路、中国制度和中国理论的底蕴。

怎么才能真正做到文化自信？

习近平总书记进一步指出，要确立文化自信，"要讲清楚中华优秀传统文化的历史渊源、发展脉络、基本走向，讲清楚中华文化的独特创造、价值理念、鲜明特色，增强文化自信和价值观自信"①。

这是习近平总书记布置的一项非常重要的任务，要完成这个任务，首先就要讲清楚中华文明的"历史渊源、发展脉络、基本走向"，然后，还必须从中开掘出、提炼出"中华文化的独特创造、价值理念、鲜明特色"。

只有首先做到这两个方面，我们才能真正做到"增强文化自信和价值观自信"。

倘若不学思践悟，如果没有做到上述两个"讲清楚"，那就是学思践悟的功夫还没到家，"自信"

---

① 习近平：《把培育和弘扬社会主义核心价值观作为凝魂聚气强基固本的基础工程》，《人民日报》2014 年 2 月 26 日。

很可能就只是停留在嘴上，一遇到风吹草动，很可能就又"看山不是山，看水不是水"了。

同时，习近平总书记反复强调指出，坚定文化自信，必须有"大历史"的襟怀，必须具备广阔的世界视野、深邃的历史眼光。要做到文化自信，就必须深入进行文明的互鉴与比较，必须有构建人类命运共同体的担当。

必须认识到：只有文明之间的联系与交往，才能构成世界史，而单一文明的发展，并不能构成"世界史"。

因此，只有深入全面地了解世界，才能深入全面地理解我们自己，只有真正了解世界和人类文明发展的历程，才能更为深入全面地认识"中国特色"。只有具备文明互鉴、构建人类命运共同体的觉悟，才能真正"讲好中国故事"。

我从以下两个方面，阐释一点自己对这一重大命题的思考。

一、中华文明的历史连续性、
包容性和统一性

中国历史自公元前 841 年起，有文字记载的编年史就没有断过，这在人类历史上是独一无二的。[①]

因为这一年，西周国人造反，驱逐了周厉王，开始"周召共和"。中国有文字记载的编年史，从此开始。

文化自信，必须通过不断的研究和发现来确立。

通常说，中国与古巴比伦、古埃及和古印度一样，是具有 5000 多年历史的文明古国，从编年史的一脉相承来说，中国的历史记录当然是世界上独一份的。但是，如果从考古工作的进展来说，中国实际上只有商周之后 4000 年的文明史的考古证明，司马迁《史记·五帝本纪》所记载的商代之前的历史，尚缺乏确切的考古资料加以印证。

随着考古工作的进展，目前的研究证明，无论

---

① 苏秉琦：《中国文明起源新探》，生活·读书·新知三联书店 2019 年版，第 90 页。

是从文字、制度还是从科学文化上看，商周时代都是中华文明发展高度成形的时期，而这种成就乃是长期历史发展的结果。也就是说，商周是中华文明成熟期，并不是"初创期"。

关于中华文明起源的考古，有两种观点。一种观点认为，中华文明起源于黄土高原上的三个河谷平原——渭河谷底、伊洛谷底和汾河谷底，是从中心区向四面扩散；另一种观点则认为，中华文明起源于遍布全国的六个大区，这六个大区之间的发展不平衡，但却是互相促进的，中原地区只是六大区之一，中原影响各地，各地也影响中原，其发展图景如苏秉琦先生所提出的"满天星斗"，或者说是类似于车的辐辏。

其中公元前5000年的仰韶文化，发生在华山附近，仰韶文化的主要特征花卉图案，可能就是华族得名的由来。几乎同时期的红山文化，在辽河附近，它以龙鳞纹彩陶为主要特征。上述两种不同文化系统的南北结合，也就是花（华）与龙的结合，这种结合发生在晋南地区。

考古发现印证的五帝时代的情况，以距今 5000 年为界，又分为两个阶段，以黄帝为代表的前半段主要活动在燕山南北，后半段的代表是尧舜禹，则活动在晋南一带，"中国"一词的出现也正在此时。

苏秉琦先生提出：尧舜时代的中国，是一个在区域之间的交流中逐步形成"文化认同"的"共识的中国"，而夏商周三代，是一个松散的联邦式的中国，是一个以"政治认同"为基础的"天下"，政治认同变为现实的"制度认同"，是距今 2000 年的秦始皇统一大业和秦汉帝国的形成——这就是从"文化共识的中国"（五帝时代六大文化区之间的交流和彼此认同），到"政治认同"的中国（夏商周三代政治文化上的组合），到"现实制度"的中国——秦汉帝国"三部曲"式的发展。

这样一来，中华文明 5000 多年的问题，可以说已经由考古工作基本上解决了。

5000 多年文明的来路问题搞清楚之后，随之而来的，就是历史连续性的问题。实际上，世界四大文明古国之中，古巴比伦、古埃及、古印度，作为文明来说，早已经不存在了。作为文明古国，一脉相承发展下来的，全世界只有中国。

事实上，古埃及、古巴比伦、古波斯的文字，早就死了，除了极少数专业人士外，今天没有人能够通晓。但是，中华文明就不同了，刻有"日火山"铭文的陶尊，在大汶口文化中多次出土，大汶口文化处于公元前4500—公元前2500年，这说明了中国文字的起源之早，语言文字的基本结构决定了一种文明思维和表述的基本结构，中国的语言文字的基本结构是一脉相承的，就连续性这一点来说，我们在全世界是唯一，而不是"之一"，将中国历史的连续性放在世界上说，那是"硬碰硬"，独一份。

中国历史是世界上唯一具有连续性的历史，中华文明是世界上唯一具有连续性的文明。说到唯一性，这就是我们的唯一性；说到特色，这个特色是别人所没有的。

对于这一点，但凡有见识的外国人，实际上都是承认的。

马克思说过："印度社会根本没有历史，至少是没有为人所知的历史。我们通常所说的它的历史，不过是一个接着一个的入侵者的历史，他们就在这个一无抵抗、二无变化的社会的消极基础上建立了他们的帝国。"① "相继侵入印度的阿拉伯人、土耳其人、鞑靼人和莫卧儿人"②，使印度历史呈现为彼此不搭界、零碎的拼贴，对于印度而言，伊斯兰占领它，它就伊斯兰化；蒙古人占领它，它就蒙古化；英国人占领它，它的官方语言就成了英文。

2000 多年来，中东地区可谓是文明的摇篮。但是，这里的情况与印度差不多，中东地区先后经历了希腊化、伊斯兰化、蒙古化乃至突厥化，而结果就是"马赛克化"，这里的历史和文明与印度一样，都是断裂的。

伯纳德·路易斯，是当今世界研究中东问题的权威学者，他的《中东两千年》这样对比：2000 多年来，中国用的是同一种文字的变体，中华文明发展的是一脉相承的哲学思想体系，正是这种独一

① 《马克思恩格斯文集》第 2 卷，人民出版社 2009 年版，第 685 页。
② 《马克思恩格斯文集》第 2 卷，人民出版社 2009 年版，第 686 页。

无二的历史连续性，造成了一种强烈的自我意识或曰"中国意识"。而与"中国"相比，"中东"则不过是个非常模糊的地理概念，而不是文明和历史的概念，这种模糊的概念折射出：这里的人们对"自己是谁"这个根本问题，在认识上其实很不清楚。

由地中海发端的西欧文明，显然也不是一个整体。中古时代的西欧，是那些摧毁并蹂躏了西罗马帝国的外族建立起来的，虽然这些蛮族花了巨大的精力去努力接受西罗马帝国的基督信仰，学着使用拉丁语文；但是，这些努力随着罗马天主教廷的瓦解，随着新教革命，随着民族国家的纷争，都在近代的开端时期付诸东流、不复存在了。

印度文明与中华文明、地中海文明一样，印度文明在公元前 600 —公元前 300 年期间也发生了"轴心突破"。但是，今天的印度，与当年的古印度没有关系。印度文明在时间和空间上都不是一个整体，佛教产生在北印度——今天的巴基斯坦、尼泊尔和克什米尔一带，张骞所谓"身毒"（xian）就是指这个地区。这个地区后来又被伊斯兰文明覆盖了，佛教和后来的伊斯兰教的重心都在北印度，不在今天的印度半岛，它构成了印度文明的上层建筑，至于印度教，则主要是底层的宗教。

最近，中央主要领导同志指出，从人类文明的发展史看，中华文明和地中海文明，作为世界上的两大文明，都有着长期发展的连续性，也都有过苦难和辉煌，从这两大文明再扩展到东西方文明的比较，进行追本溯源的比较研究，可以加深我们对世界历史与现实的认识。

地中海文明发端于西北地中海，随后，又经历了与包括维京人在内的北方蛮族的多次融合，蛮族入侵，这是它的灾难，同时也是它发展的源头活水。地中海文明历史漫长，其中有苦难，当然也有辉煌；有衰落，也有复兴。而且这个文明的中心是不断转移的，今天的美国，也属于这个文明的发展，也是这个文明的一部分。

与中华文明相对，地中海文明也有其发展的连续性。但是，如果考虑地中海文明的起源，我们不能"言必称希腊",因为希腊文明并非地中海文明的唯一源头,希腊文明是对埃及文明和黎凡特文明的继承,它并不是独立发展起来的。在这方面,最有权威性的著作是马丁·贝尔纳的《黑色雅典娜:古典文明的亚非之根》,这部著作聚焦于公元前2100—公元前1100年的1000年时间里,希腊对埃及和黎凡特文化的大规模借用,从这个意义上说,在中华文明成熟的商周时代,希腊文明还没有真正摆脱埃及和黎凡特文化的影响,还没有独立成形。

马丁·贝尔纳的巨著提出了一系列发人深省的问题,其中包括:17世纪、18世纪之交,欧洲启蒙运动时期对于埃及文明的"回归",对于几何、数学、天文(占星术)和伟大建筑的推崇,以及对于"工匠"传统的倡导,共济会组织的创建,就是这种思潮的产物。从这个意义上说,启蒙时代所要弘扬的"科学",不仅来自希腊,也来自埃及。

西罗马帝国灭亡后,其实欧洲已经换了主人,至于希腊文明,它随后与东正教结合起来,在东欧和俄罗斯得以部分地延续,而在西欧则基本上已经湮灭不存了。在我国唐宋之交时，因为阿巴斯王朝的麦蒙哈里发对各种知识大感兴趣，他在巴格达开"智慧馆"，大搞翻译运动，经长期艰苦努力，这才把希腊经典由希腊文转译成叙利亚文，再由叙利亚文转译成阿拉伯文。

奥斯曼帝国征服西班牙之后，这些以阿拉伯文保存下来的希腊经典，又从托斯卡纳地区的文字转译为拉丁文，上述这个阿拉伯人主导的翻译运动，前后加起来有 300 年以上，经过这个浩大的"跨多种语言的翻译实践"，又上升到理论，其中有多少加工、多少创造性发挥，可谓是数不胜数。而如果没有这个阿拉伯翻译运动，当然也就不可能有什么西方的文艺复兴运动。

卢梭在《论科学与艺术的复兴是否有助于使风俗日趋纯朴》一文里说，东正教和东罗马帝国的文化里，并没有多少希腊的成分，而西方的文艺复兴，"复兴"的其实也并不是希腊文化，而是阿拉伯文化。因为在希腊和罗马之间，夹着一个阿拉伯文明大规模"跨语际翻译实践"运动，而倘若没有阿拉伯文化的输入，西方人也就永远看不到柏拉图、亚里士多德、修昔底德和苏格拉底究竟写了些什么，甚至就永远也不知道"希腊"究竟是何物。

可见，西方文明绝非自希腊以来一脉相承，如果有继承，其实西欧的文艺复兴继承的主要就是阿拉伯翻译运动——卢梭这个人，以"说真话"著称，而上述发现，就是他说的最大的"真话"之一。这篇论文，使他得了勃艮第公国征文的一等奖，卢梭之横空出世，也就是因为这篇"惊世骇俗"的文章。

总的来看，与绵延不息的中华文明相比较，世界上其他文明都是高度断裂、基本上不连贯的。欧亚大陆上的文明先后经历了波斯化、希腊化、罗马化、基督教化、伊斯兰化、蒙古化乃至突厥化——这些不同的历史时期，而每个阶段、每个历史时期都是自成一体的，这是因为占主导地位的文明在其统治时期都力图把其他文明的痕迹抹掉，结果就是：文明发展的每一个阶段都是断裂的，"多元化"和"碎片化"，这是欧亚大陆上文明发展的总体趋势。

如果说"断裂化""碎片化"是其他文明的特

征，那么，再来看我们中华文明自商周以来这种一脉相承的连续性，那就非常难得了。因此，只有通过文明互鉴，通过与其他文明的比较，我们才能对中华文明的这种连续性有切实的认识，才能深入理解"中国特色"，我们才能真正确立文化自信。

世界上的四个一神教都产生在地中海地区，但结果就是斗得一塌糊涂。犹太教、基督教、东正教和伊斯兰教，共同构成了地中海文明的源头活水，但它们彼此之间互相排斥，谁也不认谁。地中海文明的内斗比外斗要残酷得多，两次大战都是因为它们的内斗。包括今天西方的党派林立、党同伐异，这就是它的文明起源所决定的。

几千年来，我们中国都是围绕着统一与分裂进行斗争，而几千年来，地中海文明就是宗教捆绑着民族和国家进行残酷的战争。

所谓"西方之乱"，只有从文明发展史的角度，才可以更清楚地认识到。

我们的历史，不像西方和中东的历史，充满了宗教战争，这就是由我们文化的包容性所决定的。

历史上，无论对于佛教、天主教、基督教还是伊斯兰教，我们都是包容的，这造就了我们民族的性格。

与地中海文明比较，便会更深入地认识中华文明的另一个重大特征，这就是通过文化交流的包容性来建立文化认同。

当然，中国的长期大一统，既有文化的基础，也有经济的基础。

讲中国统一与分裂的经济基础，冀朝鼎写于20世纪30年代的《中国历史上的基本经济区与水利事业的发展》一书，尤为值得重视。他提出了"基本经济区"的范畴。

在传统中国那样一种零散的小农经济条件下，统一的基础、中央集权的基础，就在于中央能够建设并有效控制基本经济区。所谓基本经济区建设，主要是靠水利与交通的建设达成的，中国的统一与中央集权问题，只能看成是控制这样一种经济区的问题。所谓分裂与割据，一方面在于对基本经济区的争夺，另一方面则在于地方建设造成的基本经济区的扩大与转移，占优势的经济区一旦确立，控制了基本经济区的首领，就获得了优越的物质利益而胜过与之竞争的其他集团，最后把国家统一起来。

基本经济区的存在，导致了土地制度与赋税方法的地理差异，影响了地区发展的不平衡，也造成了生产方式上的区别，在此基础上，形成了土地制度、赋税与商业以及高利贷资本发展程度的差异。

这样的著作在今天依然有助于我们深入地理解我们的制度、传统和文明。我们今天讲中国经济的基本面，也要考虑基本经济区的问题。

千百年来，农耕是我们这个文明的基础，亿万农民是我们的主体，千百万个村社构成了我们的基本经济区，今天我们讲"乡村振兴"，就是讲中华民族这个共同体在现代化进程中的凤凰涅槃和浴火重生。

思考中华文明的包容性，除了统一与分裂的经济基础，当然还要思考民族融合的问题，这就又回到了文化自信和文明主体性的建设方面。因为在交流中形成文化的认同，是建立稳定的经济基础的前提。

商鞅变法的时代，秦所面临的处境就是处于戎翟与中原之间。在戎翟看来，秦是中原；而在中原看来，秦就是戎翟。因此，秦就面临一个说明自己是谁的问题，就面临一个确立制度和文化自觉的问题，这就是商鞅变法的动力，也是秦从"西霸戎翟，广地千里。东平晋乱，以河为界"走向"车同轨，书同文"的动力。

由秦所开启的恢宏的建筑、关隘、交通大道，不仅仅具有建筑上的意义，因为它以山河空间，对应着天文的构架，是礼制在空间上的实现，创造的是中华文明的文化时空——即它的文化意义更大。

隋唐也是如此，经历了五胡十六国，隋唐时期，中国再次面临着秦始皇当初面临的问题：思想、文化、语言秩序的重建问题。从这个文明自觉的角度去看隋唐推行科举制度，即以先秦儒家经典和汉语书写为标准去选拔人才，就会看到，科举制度的意义不仅在于对于门阀士族贵族制度的摧毁，也不仅在于选贤举能方式的转变，更在于在民族大融合的基础上，确立中华制度和治理体系这个问题。

　　秦汉唐时期，这是中华民族共同体在民族大融合的过程中不断形成和壮大的时期，这个过程宋代虽然相对封闭，确立严格的"夷夏之辩"，但南宋治理的一个重要成就，就是使中原文明与南方蛮族文化之间形成融合，随后元代又开始了一次更大规模的融合，这是在文明融合的过程中不断确立中华民族认同的又一个过程，这个过程到了清代算是告一段落。

　　首先，在文化的交流与包容中，形成文化认同，在各经济区发展不平衡的基础上，形成基本经济区，在此基础上，方才形成了政治认同，遂形成制度的认同与统一，这就是中华文明自创生起一以贯之的"来路"。

　　因此，习近平总书记强调，一定要把我们的"来路"搞清楚，要搞清楚我们的现代中国，今天的中国是从哪里来的——这是非常具体的问题，绝不是抽象的问题。同样，讲我们文明的包容性，这也是非常具体的，绝不是抽象的。这既是一个历史问题、学术问题，更是一个政治问题。

我想，这就是习近平总书记指出的："一个民族、一个国家，必须知道自己是谁，是从哪里来的，要到哪里去，想明白了、想对了，就要坚定不移朝着目标前进。"①

近代以来，地中海文明发展的一个方向，就是力图以雅利安种、印欧语系为中心，确立起人类文明史发展的等级秩序，这种文明的等级秩序不仅是排他性的，也是压迫性的，这种文明的等级秩序构成了近代种族主义、现代帝国主义话语的基础，也渗透到西方哲学社会科学的许多方面。在这种根深蒂固的文化优越论的基础上，文化的交流和包容是谈不上的，所谓"文明冲突论"，意味着在这样的文明等级秩序之下，人类文明共同体的构建缺乏文化交流的真正基础。

中华民族伟大复兴，是从"中国人民站起来"开始的。

中国人民站起来，自立于世界民族之林，这首

---

① 习近平：《青年要自觉践行社会主义核心价值观——在北京大学师生座谈会上的讲话》，《人民日报》2014年5月5日。

先是在人类历史上、在人类文明发展史上，具有极其伟大的历史意义，具有文明史的伟大意义。这种伟大意义，在于向世界宣告：人类的一切伟大文明都是平等的，同时也是独特的。因此，每一个国家，都有走自己的路、自主选择自己的发展道路的权利，都有平等地自立于世界民族之林的权利；在于向世界宣告：建立在文明优劣论基础之上的种族主义、帝国主义、殖民主义、霸权主义，那一套是行不通的——为此，我们进行了举世瞩目的两万五千里长征，进行了艰苦卓绝的革命，牺牲了无数英雄儿女，我们经历了多少苦难，才赢得了解放。

今天，我们处在巩固和提高"富起来"这样一个历史阶段，同时，面对着"强起来"的历史使命。怎样从人类历史、人类文明发展史的高度去理解中华民族伟大复兴的使命，是一个值得深思的命题。

毛泽东说，我们要自立于世界民族之林，中国要对世界、对人类做出更大的贡献。这是他的宏愿，也是我们肩上的责任。

自立于世界民族之林，就必须认真研究和思考各文明之间的关系与联系。只有通过文明的比较与互鉴，才能更为深入地理解中华文明的独特性，才能深刻认识与把握"中国特色"；只有具备这样的历史觉悟，才能深刻研究和领会习近平新时代中国特色社会主义思想。

对于马克思列宁主义、毛泽东思想、邓小平理论、"三个代表"重要思想、科学发展观及其相关党的创新理论，我们只有从人类发展史、人类文明发展史的角度，才能真正深入理解它们的深刻、丰富内涵；同样，对于习近平新时代中国特色社会主义思想的深刻内涵，也必须从人类文明发展史的视野，去研究、去领会。特别是从这个视野，去理解、认识"文明互鉴"和"构建人类命运共同体"的论断。

人类历史上一切伟大的思想，当然是深深植根于现实的、人民的要求的。但是，其对现实的认识，必定有深刻的历史来路，对于现实的认识与改造，更深刻地影响着人类的未来。研究习近平新时代中国特色社会主义思想，必须有深邃的历史视野、广阔的世界眼光，必须把人类的昨天、今天和明天联系起来，必须从过去、现在和未来的历史发展中，去把握这一思想的深刻内涵。

二、马克思主义中国化和中国化的马克思主义

马克思主义能够植根于中国大地，从根本上说，就在于马克思主义与中华文明的优秀成分的结合。这种结合，是具体的，而不是抽象的，是历史的，而不是教条的——习近平总书记系列重要讲话以及中央主要领导同志学习贯彻习近平总书记系列重要讲话精神，特别集中地强调马克思主义与中华文明的优秀成分，在以下三个方面的有机结合和高度统一：第一，唯物论；第二，辩证法；第三，以人民为中心。

这三个问题，一个是世界观问题，一个是方法论问题，一个则是历史观即唯物史观问题。

（一）唯物论

如果说中华文明与地中海文明这两个文明在源头上有什么差异，那么这个差异，就是有神论与无神论的差异。

地中海文明虽然不是一个整体，但总的来说，它们都是从"多神"走向"一神"，它们对于"源头"、来路的思考，都是从天上、从"天国"开始，而不是从地上、从人间开始的。

而马克思主义学说是从地上、从人的现实性出发，不是从天上、从"天国"出发的。从这个意义上说，马克思主义当然就是西方文明、地中海文明里最大的"异端"。

青年马克思提出的第一个爆炸性的"口号"，就是"反宗教"。马克思主义学说的这种革命性，或者异端色彩，从马克思公开发表的第一篇文章的第一段话里，就能看得一清二楚。

反宗教的批判的根据是："人创造了宗教，而不是宗教创造人。……人不是抽象的蛰居于世界之外的存在物。人就是人的世界，就是国家，社会。这个国家、这个社会产生了宗教，一种颠倒的世界意识，因为它们就是颠倒的世界。……宗教是人的本质在幻想中的实现，因为人的本质不具有真正的现实性。"①

旗帜鲜明"反宗教"——这就是《〈黑格尔法哲学批判〉导言》开头就挑明了的话。

在那里，马克思还说："谬误在天国为神祇所作的雄辩一经驳倒，它在人间的存在就声誉扫地了。"②——今天看来，马克思公开发表的第一篇文章，就是一份宣言书，也是一份挑战书。我们要看到，在地中海文明的传统里，要驳倒"天国"，要驳倒"在天国为神祇所作的雄辩"，这需要何等大无畏的勇气！

从地上的真理出发，不是从天上的教规出发——对于地中海文明而言，马克思的革命性、异端性、彻底性就在这里，在西方世界里，马克思主义被排斥、被围剿、被妖魔化，根子也在这里——

---

① 《马克思恩格斯选集》第 1 卷，人民出版社 2012 年版，第 1—2 页。
② 《马克思恩格斯选集》第 1 卷，人民出版社 2012 年版，第 1 页。

进而，马克思主义能够被中国所接受，一个重要的原因，首先也就在这里——简而言之，就在于中华文明的底子是唯物论、无神论，就在于中华文明从根子上讲、从源头上讲，便是从人间的现实生活出发的。中华文明是立足衣食住行、婚丧嫁娶、迎来送往、敬天法祖等——这些老百姓的现实生活之中的，从根子上说，中华文明就不是从天上、从"天国"出发的。

当然，在地中海文明里，讲唯物论的，不仅是马克思这一家。但是，讲得如此彻底、如此透彻、如此坚决的，当属马克思无疑。

达尔文的细胞学说影响了马克思，但是，达尔文最终还是从多细胞说走向了单一细胞说。在他看来，生命活动必定有一个根本的原因，这个原因不能从现实的生命活动中去寻找，而只能到天上去寻找，生命活动，甚至就是为了达尔文这样的观察者、发现者而存在，而他能够发现进化论的规律，这也只能说是上帝的恩宠——于是，他便从细胞学又回到了创世论，在冒险发表了进化论的学说之后，他反而更坚定地信奉了基督教。

牛顿是现代自然科学的鼻祖，他在科学领域的论文不少，但在宗教方面的论著更多。在他看来，苹果从树上掉下来，就是为了证明万有引力定律，离开了上帝，就不能解释宇宙的起源，西方的所谓"理性时代"，遵循的还是宗教的逻辑。

于是，在他们看来，生命活动本身不是目的，人类的社会活动本身也不是目的，这些活动本身都是为了它们的创造者而存在，或者说是为了"科学观察和分析"而存在。那个创造者是上帝，那个观察者是科学家，是学者，是历史学家，而所谓"科学研究"，最终就是要掌握上帝创世的密码，研究者最终不是与现实世界对话，而是与自己心中的那个上帝对话。

在《神圣家族》里，马克思这样说过："从前的目的论者认为，植物所以存在，是为了给动物充饥，动物所以存在，是为了给人类充饥，同样，历史所以存在，是为了给理论的充饥（即证明）这种消费行为服务。人为了历史而存在，而历史则为了证明真理而存在。在这种批判的庸俗化的形式中重复了思辨的高见：人和历史所以存在，是为了使真理达到自我意识。"①

世界为上帝而存在，生命活动和社会活动为观察者、研究者而存在，正如植物为动物"充饥"而存在，动物为人类"充饥"而存在，因此，现实的、物质世界的存在没有理由，它只是为了人类的"消费"而存在，为了证明上帝的"英明"而存在。进而，一部分人乃至千百万劳动者的生存也没有理由，因为他们只是为了另一部分人，为了少数人的"消费"而存在，世界上的一切文明，都不过是为了西方文明这个"神圣家族"，不过是为了说明西方文明的"神圣性"而存在——马克思的这些话，讲到了西方文明的根子上去了。

西方文明是"神圣家族"，其他文明都是劣等的——这不是婆罗门教的说法吗？婆罗门的神圣性不过是对印度人的，西方文明的"神圣性"则是对全人类的——而这就是西方唯心主义的根源。

① 《马克思恩格斯全集》第2卷，人民出版社1957年版，第100—101页。

马丁·贝尔纳指出，18 世纪以来，西方对于印度的热情和兴趣，"主要是认识到梵文和欧洲语言的基本关系后引起的"，是把印度视为"雅利安种的分支"而产生的。

马克思深刻地批判了西方宗教的神圣性，乃至西方文明的神圣性，他把这种神圣性从"天国"带到了人间，因为他赋予全世界的劳动者以神圣性，我们把《共产党宣言》称为世界无产阶级和劳动者的"圣经"，有一个原因是《共产党宣言》与《新约》《旧约》和《古兰经》似乎有一个共同的主题，那就是强烈的、彻底的、毫不妥协的斗争性。但是，与一切宗教不同，马克思主义不是要建立"天国"，而是要为建立一个理想的现实世界而斗争。因此，马克思主义的出发点不是宗教生活，而是劳动人民的现实生活，创造人类世界的不是上帝，而是生产者和劳动者。

马克思主义不是从"天国"出发，而是从地上出发，从地上出发，首先就是从人的吃、喝、住、穿出发。

　　恩格斯在马克思墓前说:"正像达尔文发现有机界的发展规律一样,马克思发现了人类历史的发展规律,即历来为繁芜丛杂的意识形态所掩盖着的一个简单事实:人们首先必须吃、喝、住、穿,然后才能从事政治、科学、艺术、宗教等等;所以,直接的物质的生活资料的生产,从而一个民族或一个时代的一定的经济发展阶段,便构成基础,人们的国家设施、法的观点、艺术以至宗教观念,就是从这个基础上发展起来的,因而,也必须由这个基础来解释,而不是像过去那样做得相反。"①这段话十分精辟地阐明了历史唯物主义的基本原理。

　　中华文明,是从地上、从老百姓的现实生活出发的,是从衣食住行、婚丧嫁娶、迎来送往、敬天法祖等——这些老百姓的日常生活的基本内容出发的。所谓"敬天法祖",从根源上讲,就是要顺乎、尊重衣食住行、婚丧嫁娶、迎来送往的规则。我们所谓的"敬天法祖",与地中海文明的迷信上帝、匍匐在造物主脚下,意思完全不同。敬天法祖,不

---

① 《马克思恩格斯选集》第 3 卷,人民出版社 2012 年版,第 1002 页。

是尊奉上帝；敬天法祖，尊重"天地君师亲"，也不是说就是尊奉这五个神仙。从根源上讲，敬天法祖，尊重"天地君师亲"，说的就是顺乎和尊重自然和社会的规律。

我们共产党人是马克思主义者，同时也是中华文明最优秀成分的继承者、发扬光大者，中国共产党人的哲学，就是从中国人民群众的现实生活出发的，人民对美好生活的向往，就是我们的奋斗目标——这就是真正的唯物主义，是中国化的马克思主义。

马克思主义只有植根于中国最广大人民群众的生活之中，只有与中华文明相结合，才能为中国人民服务，才能真正解决中国的问题，我们只有这样做，才能真正地继承发展马克思主义。

毛泽东的《愚公移山》，讲的不就是"敬天法祖"吗？《为人民服务》的结尾说："今后我们的队伍里，不管死了谁，不管是炊事员，是战士，只要他是做过一些有益的工作的，我们都要给他送葬，开追悼会。这要成为一个制度。这个方法也要介绍到老百姓那里去。村上的人死了，开个追悼会。用这样的方法，寄托我们的哀思，使整个人民团结起来。"①这里讲的，不就是婚丧嫁娶的道理吗？形成一个制度，介绍到老百姓那里去，使人民团结起来，这个制度难道不就是"礼乐之制"的现代化吗？

白求恩受加拿大共产党和美国共产党派遣，不远万里来到中国，把中国人民的解放事业当作他自己的事业——"有朋自远方来，不亦乐乎"，这讲的不就是迎来送往的道理吗？

我们要和世界上一切资本主义国家的无产阶级联合起来，才能打倒帝国主义，解放我们的民族和人民，解放世界的民族和人民，这就是我们的国际主义——这种国际主义是不是一种更为深刻的"迎来送往"、文化交流呢？是不是对于中华文明"礼乐之制"的升华呢？当然是的。毛泽东讲的无产阶级国际主义的道理，就是植根于中华文明的优秀成分之中的。

---

① 《毛泽东选集》第3卷，人民出版社1991年版，第1005页。

（二）辩证法

在方法论上，中华文明与马克思主义是高度一致的，这种方法论上的一致性就是指辩证法。

辩证法的核心是讲矛盾，讲矛盾的互相制约、彼此互动。"有无相生，难易相成，长短相形，高下相倾，音声相和，前后相随。"这里讲的就是：世界上一切尺度和规矩，都是在互相矛盾、制约之中发展变化着的。

老子说，天下万物生于有，有生于无。这里所谓的"无"，当然不是指虚无，而是说可见的事物背后发展的规律。因此，老子又说："人法地，地法天，天法道，道法自然。"

马克思主义揭示了人类社会发展的规律，在《〈政治经济学批判〉导言》里，马克思这样说：生产力与生产关系互相矛盾、制约，构成了"经济基础"，国家、法、意识形态等构成了"上层建筑"，而经济基础与上层建筑之间互相矛盾、制约的运动，构成了人类社会发展的规律。

离开了唯物论的辩证法，离开了社会各领域之间互相矛盾、制约的关系，就不能说明社会发展的规律。

"文化大革命"期间，讲马克思主义的真理，就是"以阶级斗争为纲"，阶级关系是生产关系的最集中的体现，然而，生产关系是要受生产力的制约的，离开了生产力与生产关系之间互相矛盾、制约的关系，单讲"以阶级斗争为纲"，这不符合辩证法。

又有人说，马克思主义的真理就是经济是决定性因素，进而发展到经济增长数字决定一切，把经济发展等同于经济增长数字——这也不符合马克思主义辩证法。

马克思主义认为，生产力是社会发展中最活跃的因素，说到生产力，毛泽东在《关于正确处理人民内部矛盾的问题》中，讲的是发展生产力、保护生产力、解放生产力这三者之间互相矛盾、互相制约的对立统一。抛开生产力与生产关系、上层建筑与经济基础之间的互相矛盾和制约，把生产力发展等同于经济增长数字，这也是形而上学，这同样也是不讲辩证法，是违背辩证法。

在我们事业发展的过程中，为什么经常出现违背辩证法这个问题呢？从某些方面来说，就是因为我们的同志学习不够，太心急了，往往容易干出违背社会发展规律的事情，干出违背马克思主义辩证法的事情。

有些人希望很快地实现共产主义，很快地把中国发展起来，这当然没有错，但前提是掌握社会发展规律，尊重社会发展规律，尊重辩证法。马克思说，人类解放的事业，要受到物质生产力发展水平的制约，而新的生产方式的产生又要受到各种习惯势力与人们心理和思维定式的制约，因此，他指出了社会发展的大势和方向，同时指出，所谓发展，就是社会各领域在互相矛盾、互相制约之中的发展，发展从来就不是一马平川，所谓大势，就是《共产党宣言》里说的"两个必然"，所谓发展的基本规律，就是他在《〈政治经济学批判〉导言》里讲的"两个决不会"。

习近平总书记 2013 年 12 月 3 日在十八届中央

政治局第十一次集体学习时发表重要讲话，刊发在《求是》杂志，题目是《坚持历史唯物主义不断开辟当代中国马克思主义发展新境界》，这篇讲话深刻地阐释了马克思主义的基本观点、基本方法，核心就是讲唯物论的辩证法，讲怎样用唯物论的辩证法指导全面深化改革，是一篇纲领性文献。

人类历史、人类社会发展史，总是在直面矛盾、克服危机中螺旋式前进的。回顾人类社会发展史、中华文明史，从来没有过一马平川的道路，辉煌从来与苦难相伴随，不经历苦难，就没有辉煌，有了苦难，也不见得就能辉煌，只有历经苦难曾经实现过辉煌的民族，才能谈得上伟大复兴——这也是辩证法。

党的十八届三中全会提出全面深化改革，出发点就是唯物论的辩证法。"全面"，首先就是全面地理解马克思主义关于社会发展基本规律的学说，即从生产力与生产关系、经济基础与上层建筑之间互相矛盾、互相制约的角度去谋篇布局，不能再搞"单打一"。我们要正确决策，就要比较全面地摸透社会各个领域的情况，摸清它们之间互相矛盾、制约的关系，这是我们党的学风，也是工作作风。

坚持和运用辩证法，必须认识到：我们讲"全面深化改革"，不是说把各个社会领域都平行地、孤立地列出几条、几十条来，而且美其名曰"台账"，那就是"全面"了，"全面"不是事无巨细、甲乙丙丁在文件里都罗列在一起，我们这里讲的"全面"，是指全面深入地分析社会矛盾内在联系的复杂性，是指在实践中比较全面地揭示出社会各领域之间互相矛盾、制约的联系，为的是摸索社会发展的矛盾与规律，只有这样，才能在看似繁茂芜杂、彼此没有关联的现象中，找到改革的关联性、系统性和协同性——而这里的关键，就是要掌握马克思主义的世界观和方法论。

"十个指头弹钢琴"，不是把十个指头罗列在一起，而是十个指头彼此协调，弹出一个旋律来。

什么叫规律？在中华文明中，乐就是"律"，要弹出一篇乐章来，那就要尊循规律和法则。

（三）以人民为中心

从人出发，而非从神出发，从现实中的人出发，而不是从抽象的人出发——这是中华文明与地中海文明的又一个不同之处。

现实的人是一个矛盾着的整体，只要是人，就有七情六欲。真善美与假恶丑，这些尺度对应的就是七情六欲，这些东西在具体的人身上互相矛盾、制约。

但是，地中海文明讲人的"共性"，不是这样讲的，它讲人的"共性"，其实是讲"共同利益"，在这方面，卢梭的《社会契约论》讲得最清楚，大意是说：我们这些有共同利益的人，订立一个契约，为的是反对另一部分与我们利益不同的人，这个共同利益叫"总意志"。在这个共同契约的基础上，形成了政府，形成了国家。

卢梭的名言是"人生而自由"，契约是个外在的约束，也是个枷锁。既然是一个契约，那就可以随时订约，也可以随时退出，以保障每个人是自由的，既然每个人都有退出契约的自由，那么，这种契约就是临时性的，而建立在这种临时性契约基础上的政府，也自然是一个有限责任政府。

在这个出发点上，中华文明与地中海文明是不同的——在中华文明里，人们与父母的关系、与子女的关系，不是契约关系，更不是临时性的契约关系。中华文明说的人的"共性"，是说养小送老，这是人的天性，同时也是做人义务，是责任担当。说这是"人之为人的本质"也好，是"社会关系的本质"也罢，总之，家家如此、人人如此，人同此心、心同此理。

我们说中华文明好，中国人民好，就是因为每个中国人都知道责任担当的道理。

"人民"这个词，在西方产生得很晚，大概是在法国启蒙运动中，"人民"才和"臣民"互换着用，直到法国大革命，才出现了"人民主权"的说法。但是，因为法国大革命造成的一系列问题，"人民"在西方的词典里，至今还不是一个完全正面的词语。但在中华文明中，"民为邦本"，"民为重，社稷次之，君为轻"，这是自古就有的说法。

　　大家已经看到：在这次新冠肺炎疫情防控过程中，中国与欧美国家出现了两种不同的结果，目前来看，反差还比较大，如果从人文学科研究者的角度看，这凸显了文明的差异。

　　中国关于人际关系有一个经典说法，就是《孟子·梁惠王上》里提到的"老吾老以及人之老，幼吾幼以及人之幼"。这是什么意思呢？首先是"老吾老"和"幼吾幼"——我们都要养小，都要送老，这就是人的共性，也是每个人人生的责任担当。我们讲"建设小康社会"，小康是什么？在中华文明的语境里，小康首先就是我们所说的"齐家"，所谓"小康之家"，首先就是把每个家庭搞好，而这就是孝敬老人，培养孩子，使老有所依，幼有所教——为每个家庭美满幸福而奋斗，这就是"小康"的基本内容。

　　从"齐家"和"小康"出发，中华文明的目标是要走向"大同"。"大同"，实际上也没有那么玄，因为大同是在地上，不是在天上。为什么？刚开始，我们只是对自己的亲人好，但是人是会成长的。就像在这次抗击新冠肺炎疫情过程中，我们看到很多"90后""00后"成长了。什么叫成长呢？就是知道了担当的道理。比如，对于医务工作者来说，当穿上"白大褂"，就明白了一种责任：要像对待自己的亲人一样对待同事，对待病患。

修身齐家治国平天下，由一身而及于一家，由一家而及于天下国家，由小康而至于大同——我们中国人是这样理解人的共性、理解人生的意义的。

所以，讲到文明的互鉴，首先我们是中国人，中国人是在中华文明的熏陶下生长的，子女和父母的关系不叫契约，而叫责任担当。责任担当是一辈子的事。所以当你成长了、长大了，开始承担了一部分责任之后，你面临的一个问题就是——以什么样的态度去对待周围的人。

忠孝节义，讲的就是"担当"二字，这才是我们中华文明最核心的问题。这种对家、对国的担当，对天下父老的担当，与考验共产党员合格的标准是相通的。

在这次抗击新冠肺炎疫情过程中，我们看到抗疫前线许许多多的医务工作者，虽然他们在组织上可能还不属于共产党的一员，但是当他们像对待自己的亲人一样对待患者时，实际上就已经达到了共产党员的境界——而按照我们中国历史上的讲法，他们都是志士仁人。

1937 年的时候，毛泽东写过一篇文章叫《反对自由主义》。毛泽东说的这个"自由主义"，不是我们今天讲的"Liberalism"。他想探讨的问题是，普通民众入了党，或者党员成了党的一名干部之后，是不是就没有自由了呢？显然不是这样的。共产党员反对"自由主义"，就是要求你：不能对自己的亲朋好友、对自己的老部下是一个态度，而对你周围的人民群众是另一个态度。共产党员要做到一碗水端平，要像对待自己的亲人一样对待人民群众。由一己、一家而至于天下——这才是共产党员的态度。所以，我们党和人民群众的关系，就是中华文明价值观的最终体现。我们党和人民群众之间的关系，就是一种亲人、家人的关系。

习近平总书记讲"不忘初心，继续前进"，"以百姓心为心"，深刻揭示了中华文明的内在实质。我们的"大同"境界就深深植根于中华文明之中，深深植根于人民的日常生活之中，深深植根于中国文化之中。我们从小看着父母怎样对待爷爷奶奶，同时又怎样全心全意地对待自己，当我们长大了之后，就会很自然地担当起"老吾老以及人之老"的责任和使命。这就是我们的文明本质性的东西。所以，"四个自信"，根本在于文化自信，而只有具备了"四个自信"，只有从内心确立起中国人民好、中华文明好的信念，只有身体力行做到"四个自信"，才能从内心出发，做到"两个维护"。

在抗击新冠肺炎疫情过程中，广大医务工作者能够不忘初心，砥砺前行，就是因为这样的责任感、使命感，这种担当意识是我们与生俱来的。这既是我们的文明优势，也体现为我们的制度优势。

因此，我们一路披荆斩棘走到今天，从根本上说，靠的是中国人民好，而中国人民好，主要是因为中华文明好。今天，对于这一点，我们必须理直气壮、旗帜鲜明。

　　事实上，全世界除了中国都没有"国""家"连用的说法。西方的"国"就是"state"，没有"家"的意思。只有中国有"国家"这个词。一头挑起"国"，一头挑起"家"，这种责任担当就是我们的家国情怀。

　　在这次抗击新冠肺炎疫情期间，央视有一期关于家书的节目。在那些家书里，没有一个孩子不支持自己的父母上前线，也没有一个父母不支持自己的孩子出征。谁不知道上前线危险？但没有国，哪有家？我们祖祖辈辈都懂这个道理，从一家到一国，这就是担当意识。理解了这一点，就能理解为什么中国共产党是中华文明的优秀代表。我们正是在这样的文明基础上，建立了最符合和体现中国人民愿望的中国特色社会主义制度。我们党的根本宗旨是"全心全意为人民服务"，这句话承载着每一个共产党人对于人民群众的无限责任与担当。

　　过去，经常有人评价中国政府是一个"大政府"。实际上，"大政府""小政府"的说法太抽象了。要我说，中国政府是一个"对人民负无限责任的政府"，是一个"全心全意为人民服务的政府"。

在中华民族伟大复兴的征程上，我们经历了多少苦难辉煌，经历了艰辛的探索——从"中国人民站起来"到"以经济建设为中心"，今天，我们高举中国特色社会主义伟大旗帜，坚持"以人民为中心"，形成了马克思主义中国化的最新理论成果——习近平新时代中国特色社会主义思想。

我们的任务和使命，是实现中华民族伟大复兴，实现"两个一百年"奋斗目标。这就必须从中华文明、中华民族苦难辉煌的漫长奋斗史中汲取思想、智慧和力量，这就要求我们立足中国的历史与现实，立足中国人民的要求，解决当今中国与世界的问题，这就必须深入探求、揭示我们实现长期发展、实现伟大复兴的内在动力、内生动力。

毛泽东说过，外因是变化的条件，内因才是变化的根据。我们是中国人，必须用我们自己的头脑思考自己的问题，必须用自己的脚走自己的路——"我们中国人必须用我们自己的头脑进行思考，并决定什么东西能在我们自己的土壤里生长起来。"①

---

① 《毛泽东文集》第 3 卷，人民出版社 1996 年版，第 192 页。

　　毛泽东的这些话是我们党在苦难辉煌的奋斗中通过血的教训获得的，来之不易，开辟了独立自主的中国革命的光辉道路。

　　2014年5月4日，习近平总书记在北京大学师生座谈会上发表重要讲话，这个讲话具有划时代的伟大意义，我们必须反复学习、认真领会，做到真懂真信。

　　在讲话中，习近平总书记指出："中华文明绵延数千年，有其独特的价值体系。中华优秀传统文化已经成为中华民族的基因，植根在中国人内心，潜移默化影响着中国人的思想方式和行为方式。"[①]

　　中华民族的基因植根在每个中国人的内心，深刻地、潜移默化地影响着我们的思想、行为方式，是我们实现中国梦的不竭动力。

　　习近平总书记还指出："去年12月26日，我在纪念毛泽东同志诞辰120周年座谈会上讲话时说：站立在960万平方公里的广袤土地上，吸吮着中华民族漫长奋斗积累的文化养分，拥有13亿中国人

---

① 习近平：《青年要自觉践行社会主义核心价值观——在北京大学师生座谈会上的讲话》，《人民日报》2014年5月5日。

民聚合的磅礴之力，我们走自己的路，具有无比广阔的舞台，具有无比深厚的历史底蕴，具有无比强大的前进定力。中国人民应该有这个信心，每一个中国人都应该有这个信心。我们要虚心学习借鉴人类社会创造的一切文明成果，但我们不能数典忘祖，不能照抄照搬别国的发展模式，也绝不会接受任何外国颐指气使的说教。"①

习近平总书记在这次讲话中把在纪念毛泽东同志诞辰 120 周年座谈会上的讲话内容又强调了一次，我想，这里的用意是：实现我们的发展目标，实现中国梦，从根本上说，就必须坚定道路自信、理论自信、制度自信、文化自信，而且必须以"千磨万击还坚劲，任而东西南北风"的定力，坚定"四个自信"。

习近平总书记的这个讲话给出了许多人长期思考而没有得出的结果、答案和结论——支持中华民族伟大复兴的根本力量，就在中国人民之中，就在

---

① 习近平：《青年要自觉践行社会主义核心价值观——在北京大学师生座谈会上的讲话》，《人民日报》2014 年 5 月 5 日。

中华文明之中，就在"中华民族的基因"之中。支持中华民族伟大复兴的根本力量，总的来说，是在内部，不是在外部。

我们要学习人类世界一切好的东西，但是，不能从外部、从近代以来西方主导的"世界史观"去解释中国历史，不能照抄照搬他们的理论，去说明我们自己的制度，我们必须从中华文明苦难辉煌的漫长历史中，必须从这种文明的连续性中，去理解我们的道路，理解中华民族伟大复兴。

对我们自己的历史，对我们自己的道路、理论、制度和文化，必须有自觉与自信——这是习近平总书记在这个讲话中指出并反复强调的。这是一个长期要解决而没有解决的问题，我把这个问题的解决叫作"立定脚跟""立定根本"。

我们党诞生就要 100 年了。回顾来时路，100 年来的苦难辉煌，100 年来的牺牲奋斗告诉我们：面对沧桑巨变，我们的文明、我们的民族能够勇立时代和历史的潮头，能够与时俱进，能够不断学习，特别是能够掌握马克思主义的科学武装，这就是因为我们的文明具有开放、包容的性格。

同时，我们的奋斗更告诉我们：马克思主义学说是西方哲学社会科学的中枢、纽带，是 19 世纪西方哲学社会科学发展的最高峰，而世界上一切好的东西，包括马克思主义学说在内，只有植根于中华文明的深厚沃土，只有植根于中国大地，只有与中国人民的创造性实践紧密结合在一起，只有回应中国人民的要求，真正解决中国的现实问题，才能不断保持旺盛的生机与活力。

100 年的奋斗牺牲，100 年的苦难辉煌，更告诉我们这样一个真理，那就是：外因是变化的条件，内因才是变化的根据。决定什么东西能够在中国生长的，是我们的土壤，是我们文明的基因；支持我们团结奋斗、不懈求索，支持中华民族伟大复兴，支持我们的事业生生不息、不断兴旺发达的根本力量，归根结底，就在中国人民之中，就在中华文明之中，就在我们正在进行的伟大实践之中。

编后语

"用学术讲政治"

这本书所汇集的文章，是北京大学习近平新时代中国特色社会主义思想研究院举办的"新时代学习大家谈"系列学术讲座第一阶段成果。

"新时代学习大家谈"系列讲座的主题是：紧密围绕当代中国的伟大变革，深入研究、阐释习近平新时代中国特色社会主义思想，立足国内外大局，特别是我国发展的实践，深入挖掘新材料，努力发现新问题，思考和提出新观点，服务于构建新理论。

参加"新时代学习大家谈"系列讲座的各位专家、学者，聚焦党中央治国理政新方略，从不同角度对我国社会主义伟大实践加以系统研究、阐释，力图从中提炼出有学理的新理论，努力概括出有规律性的新实践。

从中国人民的伟大实践和当代中国的伟大变革出发，从国内外两个大局相互交织的视野出发，深入阐释、研究习近平新时代中国特色社会主义思想，是这一系列讲座的着力点、着重点、出发点和立足点。讲座邀请亲身经历、参与当代中国伟大社会变革的优秀学者，从不同学科的角度发表他们从实践中获得的真知灼见。

按照研究院的分工、安排，作为讲座的组织者，我谈一点学习体会，如下。

习近平总书记多次强调，加快构建中国特色哲学社会科学，必须有广阔的世界视野和深邃的历史眼光，必须从问题出发，必须以我们正在做的事情为中心。他指出："当代中国的伟大社会变革，不是简单延续我国历史文化的母版，不是简单套用马克思主义经典作家设想的模板，不是其他国家社会主义实践的再版，也不是国外现代化发展的翻版，不可能找到现成的教科书。我国哲学社会科学应该以我们正在做的事情为中心。"①

我们请林毅夫教授为系列讲座开篇。在讲授当中,林老师紧紧围绕着一个基本观点:世界上没有一种放之四海而皆准的经济学,西方哲学社会科学,特别是西方经济学,是在研究、处理、面对和解决西方社会发展中所遭遇问题的过程中形成并发展的,其所形成的规则、方法、形式结构、范式范畴,正如各民族的语言一样,是西方社会生活和社会实践的产物。

我们要比较好地讲述中国道路、中国理论和中国实践,就必须能做到充分地与世界对话。因此,我们当然要认真研究西方哲学社会科学,这种研究,正如学习外语和出国求学一样,可以开阔我们的眼界,以使我们找到不同的参照系。但是,不能以为西方的语言和思想是唯一真理性的"标准",是放之四海而皆准的尺度,甚至以为世界上只有唯一一种标准化的语言,只有唯一一种绝对真理性的言说。

必须看到,经过数百年努力,当今西方社会科

---

① 习近平:《在哲学社会科学工作座谈会上的讲话》,《人民日报》2016年5月19日。

学处于一种相对"成熟"的形态，而这种相对"成熟"，其实是指两个方面：一方面是指，西方社会科学比较有能力解释西方发展的历史，比较有能力阐释西方自身的发展经验，进而也比较有能力为西方的决策提供高水平的咨询和建议；另一方面是指，西方社会科学已经建立了话语的霸权，形成了既得利益。所谓既得利益，就是强调西方社会科学的"定见"已经成为"公理"和"人类共识"，所余者，无非是对这些共识的验证性研究、技术性研究和补充性研究。从这个意义上说，当前，西方社会科学研究所进行的无非是一种"自我对话"，或者说是一种自我循环论证，甚至"自言自语"。

西方的语言，西方的哲学社会科学、经济学是"结构性"的，也是体系化的。但是，认识到西方哲学社会科学的这种结构性，绝不是说："世界上只有这一种语言、一种知识、一种思想是唯一结构化、理性化的"——恰恰相反，各民族的语言都是结构化的，各个文明的思考也都是理性化的，理性与结构并不唯一地存在于西方的语言、思想和学问之中——在讲座中，林老师把这种视野称为"新结构"的视野。

在参加林老师讲座时，我提出：林老师所倡导的"新结构主义经济学"，实质上是对马克思主义经济学方法具体的、专业性的应用——林老师也非常认同我的这种提法。

在《资本论·第一卷·第二版·跋》里，马克思谈到了经济学研究的"科学方法"，马克思指出，至于说到"科学方法"，那就有很多——数学、物理、化学的方法，这些都是所谓"科学方法"，而危险恰恰在于：用这种所谓的"科学方法"，去对待历史、哲学社会科学那种"形而上学"的态度。

回顾《资本论》的写作，马克思特别强调，研究历史，绝不能用物理和化学的方法。如果非要讲求一种"科学的方法"，那么，只好说，历史研究的方法，大概类似于"生物学"的结构性研究方法。从考古的角度说，历史是一层层堆积起来的，古代的社会结构以变异的方式存在于现代社会，这正如从生物学的角度看人体解剖，为我们认识猴子提供了参照。

因此，马克思说，正如语言和生物学所揭示的那样，不同的语言具有不同的结构，不同的生命体则是特殊的有机结构，而这种结构是特定历史发展的产物。因此，"每个历史时期都有它自己的规律……一旦生活经过了一定的发展时期，由一定阶段进入另一阶段时，它就开始受另外的规律支配"。而马克思的结论就是这样一句话："抽象规律是不存在的。"①

既然"抽象规律是不存在的"，那么我们就要承认：每一种社会经济结构都是不同的，世界上不存在一个普遍的社会经济结构模式，正如世界上不存在一种普遍化的语言。

2014年，习近平总书记在视察北京大学时指出，办好中国的世界一流大学，必须有中国特色。必须从研究中国自己的问题出发。

要加快构建中国特色哲学社会科学，首先就必须有能力、有自信与西方哲学社会科学对话，我们坚信，今天的中国完全有能力与西方哲学社会科学

① 《马克思恩格斯文集》第5卷，人民出版社2009年版，第21页。

进行有效的对话，而这种自信的来源，就是当代中国伟大的社会变革，是中国人民的伟大实践。

为了使这种对话变得更加旗帜鲜明，更加充满挑战性和活力，以在对话中探索中国特色哲学社会科学学科、学术和话语体系的路径，我们在系列讲座的第二讲，请来了陈平教授。主要就是因为他在北京大学的经济学者中以善于"提问题"而著称。

我在主持陈平的讲座时特别说明：陈老师的课，出发点便是与"新制度经济学"的对话——特别是与道格拉斯·诺斯的对话开始。诺斯的根本观点，当然并不在于指出"制度对于经济社会发展至关重要"这个常识，而在于论证：世界上只有一种制度能够有效推动经济社会发展，这种制度就是资本主义制度，且这种制度只能产生于西方，而诺斯给出的论证其实非常简单、直观，这就是——世界上最富裕、最强大的国家，如今都在西方。

新制度经济学特别强调知识与生产力发展之间的逻辑关系，且主要从两个简要的方面对此做出了说明。第一，西方的"思想自由"保证了知识创新，促进了科学技术的发展；第二，科学技术和知识创新，促进了西方生产力的发展，使得西方经济社会保持了领先地位。

而陈平首先结合新中国的科技发展，对上述逻辑提出了补充和反证。他提出，中国是社会主义国家，中国的教育水平，总体来讲不如西方，但是，新中国为什么会短时间内在重大科技领域取得了关键性突破？

作为一个社会主义国家，中国没有采用西方的资本主义制度，但却取得了今天这样的成就，这从新制度经济学的角度看，似乎是完全说不通的，而这也就是国内外坚信"新制度经济学"的人们不能理解、说明中国发展的原因。

陈平提出，首先，所谓"思想自由"是一个过于模糊、抽象的概念，而它与科技进步和生产力发展之间的关系同样是过于模糊、抽象的，因此不足以作为有效对话的坚实基础。

为了更有力地描述中国的发展，陈平提出了四个更为可分析的"变量"。一是新中国成立以来，在工人农民中大规模普及知识，培养了大批合格劳动者；二是围绕经济社会发展建立了一系列大专院校，为科技强国建立了知识基础；三是围绕重大项目、重大工程建立了攻关体系，培养了一大批工程师出身的敢想敢干的管理者；四是以国家战略为导向建立的国有企业制度。

作为物理学专业出身的经济学家，陈平提议，新制度经济学所宣扬的"知识经济"同样是一个模糊的概念，因而并不能为一个完善的经济社会结构奠定基础。实际上，今天与"知识经济"相对应的比较具体的经济领域，就是"服务业"。但是，由于片面强调"知识经济"的决定作用，使得西方经济过度依赖于"服务业"，从而造成了"去产业化"的弊端，陈平因此提出，相对于中国经济而言，当前服务业为主体的西方经济，其实在结构上更不合理。

对话的基础，就是对"前提"的辨析和思考。解放思想，就必须从那些固有的西方教条里解放出来，从而把中国经济社会的发展建立在更为坚实的知识基础之上，而不是建立在那些抽象、模糊的西方概念之上。

因此，陈平立足新中国发展的历程，进一步提出了一种新的中国发展结构，这一经济结构包括三个层次。一是"枪杆子里面出信用"，即以人民革命的胜利建立起以人民币为核心的财政金融体系，摆脱了中国长期以来对于外国资本的依赖；二是培养了一大批懂科学、懂技术、会管理的干部；三是促进区域和城乡之间的协调与竞争，造就了世界上最广阔的内需市场。

我认为，陈平与新制度经济学派之间的对话是充满自信的，他对新制度经济学所设置的前提之"模糊性"的质疑，打开了有效对话的大门，这令我想起习近平总书记的教诲："我国哲学社会科学应该以我们正在做的事情为中心"，"一切刻舟求剑、照猫画虎、生搬硬套、依样画葫芦的做法都是无济于事的。"①

我们安排路风教授做第三次讲座，就我个人而

---

① 习近平：《在哲学社会科学工作座谈会上的讲话》，《人民日报》2016年5月19日。

言，这是我听到的最具"史诗性"的演讲，因为路老师讲出了一篇新中国的工业史，一篇中国的、人民的工业化的历史。

众所周知，关于"自生自发的社会秩序"的信念，是西方哲学社会科学，特别是新古典经济学的基石，而路风指出，"自生自发的社会秩序"这个信念同样是模糊的。从斯密到哈耶克，西方哲学社会科学发展史上，对这一概念的理解相互不同，充满歧义。因此，这并非一个可靠的范畴。所谓"自生自发的社会秩序"仅仅是作为一种西方"信念"而存在，西方哲学社会科学把这种形而上学作为经济社会发展的根本动力，其有效性十分可疑。

路风指出，新中国发展的历史证明，如果存在一种充满活力的、具有自生性和自主性的秩序，那么，这个秩序既不是抽象的"社会"，也不是抽象的"市场"，而是"自主的中国工业化体系"。

这个体系有其内在结构和秩序，包括三个方面：第一，建立了门类齐全甚至全世界最齐全的工业部门；第二，具有价格上——实质上就是市场上的优势；第三，具有立足设备研发的庞大的技术和工程师力量。

中国自主的工业化体系构成了充满活力的，即具有自生性和自主性的秩序，从而形成了中国国民经济不断自我生成和自我扩张的"内循环"。

路风诙谐而深刻地指出，如果我们从中国企业的发展和新中国工业化进程出发，如果从中国自主的工业化体系出发，起码会有 10 条理由证明：西方哲学社会科学和经济学关于"自生自发的社会秩序"的信念只是一种想象。通过这种想象，西方看到的只不过是镜子里的自己，不但没有看到整体的世界，恐怕连自己的后背也从来没有真正地看到过。

我认为，路风的讲座就如同他的名字那样——这场讲座雄辩地证明："我们走在大路上，意气风发斗志昂扬。"

王绍光教授负责系列讲座的第四讲，他系统地讨论了马克思主义政治经济学的一个基本问题，即"国家"与"资本"的关系问题，这一问题原本存在于马克思政治经济学批判的写作计划之中。

王老师重申了马克思的观点：现代国家是资本积累的温床，有效的国家能力是推动社会经济发展的重要力量，而"国家"与"资本"相对立的定见，即西方哲学社会科学——特别是新古典经济学中"资本反对国家（干预）"的定见，用于解释现代世界史的形成，则基本上是无效的。

习近平总书记多次强调，我们构建中国特色哲学社会科学，必须有宽广的世界眼光和深邃的历史视野，建立中国理论，必须具有文明互鉴的能力。我想，王老师的研究就是按照习近平总书记的要求去努力的。

王绍光对中西文明的比较不是抽象的，他通过准确的数据，比较了 16 世纪以来西方战争能力的急剧上升以及中国战争能力的迅速下降这一长期历史变动，从"战争能力"的考量出发，引出了对于"国家能力"问题的思考。他认为，所谓"有效的国家能力"，包括强制能力、汲取能力、濡化能力、认证能力、规管能力、统领能力和再分配能力。我们重建马克思主义政治经济学视野，必须把政治与经济联系起来考虑，而核心就在于像马克思当年那样，把国家与资本联系起来思考。正如马克思早就指出的那样——资本最集中的表现：信贷与国债，都是以国家的形式诞生的。马克思说："殖民制度以及它的海外贸易和商业战争是公共信用制度的温室。所以它首先在荷兰确立起来。国债，即国家的让渡，不论是在专制国家，立宪国家，还是共和国家，总是给资本主义时代打下自己的烙印。"①

也正是从这个意义上说，近代中国的落伍，在政治上集中表现为国家建设的失败，而近代中国在经济上的失败，则集中表现为国家资本和民族资本的匮乏，而帝国主义对中国的经济垄断，就表现为中国经济被深深地打上了帝国主义资本的烙印。

温铁军教授的第五讲，全面地深化了王绍光老师揭示的课题。温铁军把"国家能力建设"方面的成就视为新中国政治建设方面所取得的最伟大成就，而这种成就的最集中体现，就是在人民大革命中诞生的新中国，有能力对中国的资源进行货币赋权。而其标志

---

① 《马克思恩格斯全集》第23卷，人民出版社1972年版，第822—823页。

就是：以人民币为核心的财政金融体系的诞生。

温铁军指出，在旧中国财政金融体系全面崩溃之时，中国共产党能成功建立人民币制度，这是中国历史上开天辟地的大事，其根本要义就在中国共产党能够使人民币与解放区的粮食、棉花和煤炭挂钩，以人民币向解放区，主要是广大北方农村地区的产出和资源进行货币赋权。换句话说，中国共产党在新中国成立伊始，就成功地将解放区农村的"绿水青山"变成了"金山银山"，这既是一项伟大的创举，也是一个深刻的历史经验。

温铁军认为，当前世界资本主义危机的一个重要表现，就是美元超发带来的流动性过剩、资本过剩。实际上，除了美国霸权之外，美元的发行是没有真正的基础的，而要克服这种资本主义危机，我们应该发挥我们党的优良传统，把人民币与中国的生产能力和土地资源挂钩，而不是被动地追随美国的货币政策，其重要举措就是习近平总书记提出的乡村振兴，其关键步骤就是进一步探索将"绿水青山"变成"金山银山"的有效举措。

强世功教授的第六讲，是以"法制"与"法治"之间的关系展开的。"法制"是西方哲学社会科学关注的重要主题，从而形成了西方的制度是"最为规范性的制度"的定见。

强老师指出，西方对于"法"的理解是充满歧义的，恰恰不是规范性的。例如，中世纪以来，法的依据是上帝和自然法，启蒙运动以来，法的秩序是理性秩序的体现，而在当代自由主义者看来，法的基础是自生自发秩序，其基础就是习俗和习惯法。这种辩论和歧义说明，法不是一种抽象的、唯一的秩序，而是有效治理的实践。

强老师从党的方针政策、国家法律法规、社会主义核心价值观有机统一的角度，论述了中国的法治体系，从而以"法治"为基础，对全面依法治国的重要论断进行了深入阐释，他的讲座从"法制"与"法治"比较的视野建立了与西方法系的有效对话。

习近平总书记在哲学社会科学工作座谈会上深刻指出，发展中国特色哲学社会科学，不能离开马克思主义的指导，研究马克思主义，也不能离开人类哲学社会科学的发展；马克思主义是西方哲学社会科学发展的最高峰，也是西方哲学社会科学发展的结果，毛泽东同志是伟大的马克思主义者，同时，也是伟大的哲学社会科学家。

潘维教授的第七讲，围绕着"马克思主义与中国道路"进行讲解。他认为，对待马克思主义，既不能采取实用主义的态度，也不能采用教条主义的态度。习近平新时代中国特色社会主义思想，是21世纪的马克思主义，是世界处于百年未有之大变局、中华民族实现伟大复兴这一伟大时代的马克思主义。作为理论与实践的有机统一，涵盖经济、政治、社会、文化、生态文明各个方面，具有文明互鉴与构建人类命运共同体的广阔视野，具有继承、融通、创新和主体性、体系化的鲜明品格，是人类哲学社会科学发展的高峰。

这一思想是中国人民和中国共产党长期奋斗形成的思想结晶，是我们进行伟大斗争、建设伟大工程、推进伟大事业、实现伟大梦想的根本指南。

北京大学习近平新时代中国特色社会主义思想研究院成立两年了，我们将自身的宗旨和使命明确为：用学术讲政治，汇聚全球顶级学术资源，研究阐释习近平新时代中国特色社会主义思想，为以习近平同志为核心的党中央治国理政服务，为马克思主义中国化最新成果——习近平新时代中国特色社会主义思想服务，为中国共产党长期执政服务。

在北大党委的指导下，在邱水平书记、郝平校长亲自部署和谋划下，在首任院长于鸿君同志的带领下，我们在探索中发展，在发展中探索，本书收录的于鸿君老师和尹俊老师的文章，从一个全新的角度对习近平新时代中国特色社会主义思想的研究方法进行了探索，这篇文章凝聚着研究院继往开来的气象，愿在新一届院领导班子带领下，我们永远保持这样一种干劲，这样一种精神，这样一种活力。

两年来，我们深深地感到，深入研究、阐释习近平新时代中国特色社会主义思想，是北京大学习近平新时代中国特色社会主义思想研究院坚定不移的方向。为了实现这一方向，我们必须以马克思主义为指导，必须汇聚最优秀的学术资源，必须充分发挥哲学社会科学各学科的优势，特别是必须坚持用学术讲政治。

正如何毅亭同志所指出的那样，我们说的讲政治，就是讲党的意识形态，讲党的创新理论，讲党的政策部署。我们讲政治的方式，是导读和解读，是分析和阐释，是讲出政治背后的东西，讲出政治的"所以然"。没有学术积累，要把政治讲透、讲好是不可能的。

为此，我们做出了自己的努力，我们还将继续努力。

感谢支持、参与"新时代学习大家谈"的各位学者和专家。

本书所收录的主要内容都曾在中央党校（国家行政学院）的刊物上刊载过，在此，谨向中央党校（国家行政学院）的领导、老师和同志们致以深深的感谢。

韩毓海执笔